重庆文理学院学术专著出版资助

中国股票市场的适应性市场假说特征及相关应用

李云红　张玲玲　兰　洁　著

北　京
冶 金 工 业 出 版 社
2023

内 容 提 要

本书以适应性市场假说为基础，运用复杂理论丰富的研究工具，构建新的波动率测度模型来对金融市场的定量特征进行估计和预测，并将结论运用到市场风险测度和制定规避风险策略等领域。在传统金融理论备受质疑的背景下，从适应演化的角度去判断、分析和规避金融风险，对投资者的资产配置以及监管部门的金融管束具有重要意义。

本书可作为经济管理、金融学、管理科学与工程等相关专业学生和教师的参考用书，也可供金融从业和研究人员、风险监管者及其他投资爱好者阅读参考。

图书在版编目(CIP)数据

中国股票市场的适应性市场假说特征及相关应用/李云红，张玲玲，兰洁著.—北京：冶金工业出版社，2022.5（2023.5重印）

ISBN 978-7-5024-9075-1

Ⅰ.①中… Ⅱ.①李… ②张… ③兰… Ⅲ.①股票市场—研究—中国 Ⅳ.①F832.51

中国版本图书馆CIP数据核字(2022)第040191号

中国股票市场的适应性市场假说特征及相关应用

出版发行	冶金工业出版社	**电　　话**	(010)64027926
地　　址	北京市东城区嵩祝院北巷39号	**邮　　编**	100009
网　　址	www.mip1953.com	**电子信箱**	service@mip1953.com

责任编辑 于昕蕾 美术编辑 彭子赫 版式设计 孙跃红 郑小利

责任校对 石 静 责任印制 窦 唯

北京捷迅佳彩印刷有限公司印刷

2022年5月第1版，2023年5月第2次印刷

710mm×1000mm 1/16；8.5印张；164千字；127页

定价51.00元

投稿电话 (010)64027932 投稿信箱 tougao@cnmip.com.cn

营销中心电话 (010)64044283

冶金工业出版社天猫旗舰店 yjgycbs.tmall.com

(本书如有印装质量问题，本社营销中心负责退换)

前　言

目前，贯穿金融分析的基础理论为Fama教授提出的有效市场假说(EMH)，该假说认为金融产品的价格足以反应一切相关信息，投资者不能通过信息收集获取额外收益。但面对20世纪80年代以来发现的众多金融市场异象，EMH却无法给出合理的解释。因此，开始出现对EMH理论严谨性的质疑，并试图从各种角度去寻求更加合理的解释，如行为金融学、金融噪声交易理论、分形市场假说，协同市场假说等。但到目前为止，各种理论始终无法取代EMH在金融领域的核心地位。

作者前期研究中接触到的有关专家和学者借鉴生物进化论的思想，引申出演化金融学，并提出适应性市场假说理论，该理论并不否认EMH的分析模式及其所强调的理性参与者前提，同时引入达尔文的生物进化理论，强调理性是一个相对概念，是与外部环境相关联和不断变化的理性。由于作者目前研究方向集中在金融风险管理方面，主要分析市场风险估计、预测和规避等，因此，鉴于现有研究的空缺以及适应性市场假说的包容性，作者结合自身研究对该内容进行了一些初步探索，对其理论的背景、实质、验证和应用等几个方面进行了系统分析，并与读者一同分享。

本书共分为7章。第1章介绍适应性市场假说的研究背景，提出研究问题，并介绍全书研究思路。第2章是对中国股票市场的非理性异象特征研究，非理性现象的存在引起了对有效市场假说的挑战，也是适应性市场假说产生的意义和前提。第3章对适应性市场基础概念和特征进行界定，并据此分析中国股市的适应性特征。第4章在适应性市场假说基础上构建股市波动模型，分析其估计和预测效果。第5章和第6章进一步实证研究了两方面的应用：风险测度和避险策略。第7章进行总结和后续研究展望。

本书内容是在作者博士就读期间研究工作的基础上完成的，衷心感谢导师魏宇教授的谆谆教诲和悉心指导；同时，本书得到重庆文理学院学术专著出版项目的资助，感谢学校对著作出版的大力支持；此外，本书内容涉及的有关研究获得了2018年重庆市社会科学规划项目（2018QNGL36）和2017年重庆文理学院人才引进项目（2017RSC47）的支持，在此表示诚挚的谢意。

限于作者的经验、学识和创新能力，书中错漏和不足之处，敬请同行专家和读者不吝赐教。

作　者

2022年1月

目　　录

1 绪论

1.1 选题背景与意义

有效市场假说（efficient market hypothesis，EMH）是芝加哥大学教授 Fama 于 1970 年正式提出的，该假说认为金融市场是有效率的，因此金融产品的价格足以反映一切相关信息。之后通过大量学者的研究和论证，EMH 理论已经以其严谨的理论体系和实证模型成为现代金融研究的基石，被视为均值-方差模型以及后来出现的资本资产定价理论、套利理论、期权定价理论等诸多金融理论的基础。但面对 20 世纪 80 年代以来发现的众多金融市场异象，有效市场理论却无法给出合理的解释，因此，研究领域开始出现对 EMH 理论严谨性的质疑，认为市场并非理性，而是充斥着贪婪和恐惧。随着认知心理学在经济领域的发展，部分学者开始试图从金融市场参与者的行为心理角度去寻求解释方案，从而形成了一支与 EMH 相对应的“行为金融学派”（behavior finance）。在 2002 年，诺贝尔经济学奖授予了为行为金融理论做出开创性贡献的 Kahneman 和 Tversky 教授，这也意味着理论界对该学派的认可。可是发展至今，由于未能形成其特有的理论体系以及统一的分析模式，行为金融理论始终无法取代 EMH 在金融领域的核心地位。在 2013 年，诺贝尔经济学奖授予了对资产价格分析做出突出贡献的尤金·法玛（Eugene Fama）、彼得·汉森（Peter Hansen）和罗伯特·席勒（Robert Shiller），评委会在声明中称“资产价格的变化既依赖波动风险和对待风险的态度，又决定于行为偏差和市场摩擦”，其中 Fama 作为有效市场假说的奠基人，其研究主要强调理性投资者对价格的不确定性，而 Shiller 作为行为金融的主要代表，更侧重于投资者行为的偏离。值得关注的是，此项殊荣被罕见地授予两个观点存在冲突的学者，肯定了有效市场假说与行为金融理论对金融市场的共同推动作用，将两种冲突的观点提出来以供更多的学者和市场参与者比较和反思，同时也鼓励了对新思维的深入探究。

基于此，在现阶段的研究中，尽管行为金融理论能够从多个角度更加合理地阐释金融市场的诸多现象，但是我们依然不能轻易地否定有效市场假说理论。那么，金融市场的表现形式究竟是怎样的？EMH 理论与行为金融理论孰对孰错？什么样的理论具有更强的解释和应用能力？适应性市场假说就是在这样的一种背景下被提出的。适应性市场假说将生物学中的进化理论引入金融学的研究，并强调演化过程在事物发展中的重要性，认为市场主体的理性并非稳定的，而是在对环境不断适应、学习的过程中；通过不断调整自己的行为逐步进化的理性，将原本冲突和对立的有效市场假说和行为金融理论纳入到统一的框架分析，并且分别代表了金融复杂系统演化过程的不同阶段。适应性市场假说的提出，在一定程度上为这些问题的讨论提供了一种新的分析思路，对进一步完善金融市场理论、更好地把握金融市场的运行规律、有效进行金融风险管理，以及制定投资策略具有重要的理论和现实意义。

1.2 国内外研究综述

1.2.1 有效市场假说研究

学者对历史价格信息作用的研究，一部分是通过随机游走模型进行的，而有关随机游走假说的最早实证工作由 Bachelier（1900）完成；他认为，大宗商品价格反映出了所有可能的相关事件，并且发现连续变化的价格时间序列相关性为零，这项研究结论与后来出现的有效市场假说思想类似。随后，Cowles（1933）、Holbrook Working（1934）、Kendall（1953）、Roberts（1959）以及 Osborne（1959）均认为，股票价格的时间序列与一个随机数序列具有相同的表现特征，没有出现明确的变化规律，股票价格的波动与物理粒子的随机布朗运动是相似的。Granger 和 Morgenstern（1963）采用光谱分析技术来分析，但并未发现在股票价格的变动中存在任何相互关联的可重复的模式。Fama（1965a，1965b）不仅考虑了序列相关系数（近似为0），同时通过对一系列滞后价格序列的研究和大量的非参数检验进一步证实了价格序列无相关性的结论。Paul Samuelson（1965）在文章《恰当预期价格随机涨落的证明》中对 EMH 理论做出了开创性的贡献，如果市场价格完全反映了所有市场信息和参与者的预期，那么价格的变化必须是随机的；当然，价格会随着新的信息的出现而改变，但信息也是随机的（不能通过过去的事件来预测)。基于以上研究，Fama 在 1970 年正式提出了有效市场假说（efficient market hypothesis，EMH），他认为最有效的市场应该是那种市场价格的变化是完全随机和不可测的市场，即价格中不仅反映和吸纳了历史的信息，也包含了被交易股票公司的所有已知信息，因此投资者拥有同质性信念和预期，他们不可能通过分析已有信息来获取超额收益。当然 Fama 也承认对现实市场信息共享程度的理想化，但是他仍然认为，只要在市场中有足够多数量的投资者能够拥有共同的相关信息，则 EMH 理论就是成立的。

此后，学术界对有效市场理论进行了大量的理论和实证检验。Rubinstein（1975）认为有效市场假说以同质信念作为前提假定条件，但是所谓的同质信念只会在资源禀赋、个体偏好和相关信息都相同的经济体中存在，真实的社会经济不具备同质性，因此有效市场假说的讨论在承认参与者具有异质信念的前提下更有意义。Grossman（1976，1978）假定市场中存在多种不同种类的知情参与者，但各种参与者只会获得一部分信息，并以此为基础证明了价格可以视为市场中所有可获信息的统计量，可以表示为所有信息综合（aggregate）的函数，即证明了有效市场假说的观点。Jensen（1978）提出了一种新的说法，如果市场参与者在一个给定的信息集合基础上并不能获得超额利润，那么市场关于给定信息集合是有效的。这一定义对市场有效的研究起到了一定的简化作用，也让后来学者广泛采纳。Grossman 和 Stiglitz（1980）分析结果表明，有效市场成立的一个先决条件是信息免费，若相关信息是需要成本的，那么就必然需要有相应的补偿作为动力，这种补偿的最直接体现为利润；但按照有效市场假说理论“价格已经包含了所有相关信息”，也就失去了作为动力的超额利润，因此导致人们对信息失去兴趣，价格对信息的体现也不复存在，就会形成一种逻辑上的误区。Grossman 和 Stiglitz 认为价格只能部分的反映信息。Shleifer（2000）在前人研究的基础上，对市场有效性的假设做了进一步的扩充。首先，投资者是理性的；其次，即使投资者并非完全理性，也会由于市场上交易的随机性而使不同个体的非理性相互抵消，对均衡价格影响不大；另外，当投资者的非理性具有趋同性而无法抵消时，理性投资者的套利行为也会使市场价格免受影响。Solnik（1973）计算了 9 个国家日、周和月度股票价格变化的序列相关系数，并发现在这种极小的相关性基础上很难制定出有利可图的投资策略。吴世农（1996）对沪深股市 20 种股票的日收益率的时间序列进行研究，认为这 20 只股票日收益率的时间序列不存在显著的系统性变动趋势。张兵和李晓明（2003）采用时变系数的 AR(2) 回归模型实证判定中国股市 1997 开始已经是弱势有效。王少平和杨继生（2006）对中国证券市场各组成部分的价格指数进行综列单位根检验，结果表明我国证券市场各主要价格指数服从综列单位根过程，这一结论隐含了我国证券市场具有弱势有效性。

以上这些研究，一方面使得EMH理论得到不断的完善，同时也验证了金融时间序列不存在相关性或者遵循随机游走过程以及市场具有弱势有效性的结论。但是，一部分研究结论却与此相反，认为历史信息是可用的，Fama 和 French（1988）发现，25%~40%的长期持有期收益变化可以通过与过去收益相关的方法来预测。同样，Poterba 和 Summers（1988）发现股票市场中存在着均值回归的趋势。俞乔（1994）通过对股价波动的研究，发现过去的股价变动会影响到未来股价的变化。Shiller（2000）强调了心理反馈机制对股票价格变动的动量效应有很大的影响，尤其当投资者拥有极度热情时，人们发现股票价格不断上涨时，就会因“从众效应”的存在而被引入市场。叶中行和曹奕剑（2001）对短时间（分钟）内收益率的统计 Hurst 指数进行了分析，指出在一定条件下股票运动并不满足布朗运动模型，也就意味着证券市场不是有效的。Campbell 和 Thompson（2008）指出，通过附加基于金融理论的参数约束，股票收益在样本外也是可以预测的。

由此可见，尽管有效市场假说已经成为现代金融分析的核心理论，但是随着研究的不断深入，仍然出现了不同的结论，尤其是随着众多金融市场价格异象的发现，有效市场理论越来越无法给出合理的解释，因此很多学者开始对EMH理论持怀疑态度，也开始试图从各种角度去寻求更加合理的解释方案。例如，金融噪声交易理论（Kyle，1985；Black，1986）、分形市场假说（Peters，2000；魏宇，2012），协同市场假说（Vaga，1990）均对其进行过批评和修正，但到目前为止，真正对传统金融理论提出了有力挑战的只有行为金融学（李心丹，2005）。

1.2.2 行为金融理论的演变

行为金融有效地解释了许多传统金融理论难以解释的价格异象问题，虽然它兴起于20世纪80年代，但行为金融学几乎经历了传统金融理论发展的整个过程。早在1951年，Burrell 的论文《投资实验方法的可行性研究》就标志着行为金融研究的诞生，他率先指出利用实验方法推动理论研究的重要性，并将心理学的理论引入金融研究中。然而遗憾的是，此类研究在当时并未引起人们足够的重视。20世纪70年代开始，金融市场中出现了众多无法由有效市场假说所解释的异常现象，如节假日效应、一月效应以及动量反转效应等（Michael，1978；Cross，1973；Jaffe 和 Westerfield，1985；俞乔，1994；Ariel，1987，1990；Cadsby 和 Ratner，1992）。为了解释这些现象，以美国普林斯顿大学的心理学家

Kahneman 和 Tversky（1979，1984）为代表的学者认为，金融市场的投资者并不能像有效市场假说所认为的那样理性，即不会根据基本概率做出判断，而是仅通过所观察到的常见模式的相似性，他们可能会期望过去股票价格上涨的趋势会持续；即使他们知道，所有的股市暴涨最终都会由于“万有引力定律”而回落，而且这种认知偏差并不是偶然现象，并由此提出了行为金融学的理论基础——展望理论（prospect theory）（Kahneman 和 Tversky，1979），以此为标志，行为金融理论正式开始对 EMH 提出了挑战。由于在金融学研究中引入心理学思想的开创举措，Kahneman 教授于 2002 年获得了诺贝尔经济学奖。

随后，行为金融研究逐渐兴起。Debondt（1985）最早对公司“规模效应”进行了研究，实证表明小公司股票能赚取更高的收益。我国学者宋颂兴和金伟根（1995）通过对中国上海证券交易所上市股票的分组研究表明，我国股市也存在明显的“小公司规模效应”。Bhushan（1989）对投资者和证券分析师之间的关系进行了实证研究，证实了“羊群效应”的存在。Shiller（1989）从证券市场的多变性出发，证明市场投资者所具有的非理性特征，此外，Shiller 在其他行为特征的研究方面，如羊群效应、投机和流行心态的关系等也做出了很大的贡献。Jegadeesh 和 Titman（1993）提出股票收益的惯性异象，即股票所能获取的收益保持一种惯性，能够遵循原来的变化趋势，即近期表现好（差）的股票在将来的市场中表现依然好（差）。Shefrin、Statman（1985）和 Odean（1988）对处置效应进行了研究，他们指出股票市场上的投资者对亏损股票和盈利股票的心态是不同的，他们会对亏损股票有很强烈的惜售心理，即因不愿意将损失变为现实而选择继续持有；对盈利股票却是很明显的风险规避，愿意较早锁定收益而卖出股票。Shefrin 和 Statman（1994，2000）提出行为资本资产定价模型和行为组合理论。Brown 和 Mitchell（2008）对中国沪深股票市场的研究中，提出了数字崇拜的概念，在这种情况下存在股票价格的聚类效应，两个市场上股票价格数据表明数字 8 出现的概率高于数字 4 近两倍。更进一步，赵静梅和吴风云（2009）对数字崇拜是否会影响人们的投资行为进行了研究，通过对上证股票代码尾数为 8 的股票进行实证分析，得出“发财代码价格贵，发财代码不发财”的结论。

虽然行为金融理论对有效市场假说提出了严峻的挑战，可是发展至今，仍然不能称之为一门独立的学科，行为金融理论始终无法取代 EMH 理论在金融领域的核心地位。分析认为，原因在于其理论体系还有待完善，由于未能形成其特有的理论体系以及统一的分析模式，各学者在分析金融现象时大部分以某个方面的行为因素作为研究对象，当然这也与人性的复杂性有关，难以归一或简化。另外，由于行为因素很多难以量化，给计量分析造成了一定的困难，也导致当前阶段行为金融模型并未被普遍接受。此外，行为金融理论分析中也没有考虑人们对金融市场价格异象的认识和学习研究过程，事实上，如果市场环境的改变使得市场参与者对发生的价格异象有足够的认识时，会导致不确定条件下的投资决策和认知偏差逐步消失。

1.2.3 适应性市场假说的引入

以 Lo（2002，2004）和 Farmer（1999，2002）为代表的一些学者基于 EMH 与行为金融理论之间的分歧与争论，以及各自的优势和不足，借鉴生物进化论的思想，从适应演化的角度提出了适应性市场假说（adaptive markets hypothesis，AMH）。所谓“适应性”是指“以革命性的眼光看待金融市场和人们的行为决策”。该假说并不否认 EMH 的分析模式及其所强调的理性参与者前提，同时引入达尔文的生物进化理论，强调理性是一个相对概念，是与外部环境相关联和不断变化的理性，参与者的行为会由于环境的改变而显示出非理性，又会由于不断适应环境而使非理性逐渐消失。生物属性的关键点在于相互竞争、适者生存，市场环境甚至比经济环境更加复杂，因此适应性市场假说纳入了人的紧张情绪；与之相比，传统的有效市场假说局限于经济理性人的假设条件，在实际操作和运用中存在局部性、不完整性。

目前，学术界一般以 Lo（2004）对适应性市场假说的概念及基础理论阐述作为适应性市场假说建立的标志。Lo 的观点认为金融市场的参与者如生物圈的物种，处于不断进化的过程，而进化依赖于“自然选择”，能够生存下来的“市场有效”是其唯一目标。基于 Lo 的思想，适应性市场假说主要观点如下：参与者并非处处理性，而是逐渐适应市场的变化，市场有效并不稳定；风险和收益之间的关系是动态、不稳定的，风险溢价具有时变性，并与所处的环境有关；与 EMH 相比，在 AMH 假说下，套利机会是存在的，进化过程不断地导致旧机会消失、新机会出现；投资策略会随环境的变化表现得时好时坏，具有时变性；生存是参与者的唯一目标，而不断变革则是生存的关键。Lo（2005，2012，2017）本人随后也对 AMH 理论进行了更详尽的分析，他指出 AMH 能够形成一种新的市场格局，尽管现在还未能像 EMH 理论一样完善；但是 AMH 覆盖面广泛，不仅能够解释 EMH 和行为金融框架下的市场现象，还能够对市场参与者由理性到非理性再回归理性的周而复始现象进行解释。

根据适应性市场假说的观点，市场有效与市场无效是证券市场中适应性行为的具体表现，当投资者的投资决策与投资环境相适应时，市场就表现为有效；当投资者的投资决策与投资环境不相适应时，市场就会出现行为偏差，表现为无效。而这种行为的持续性与否依赖于适应演化的过程，EMH 和行为金融理论恰好分别对应于这两种表现。适应性市场假说的提出，化解了 EMH 与行为金融理论的分歧，使得对金融市场的分析能够在一个统一的理论框架下进行。

其实，将生物进化论理念引入金融领域的相关研究早已出现，最早可追溯到 Friedman（1953）以及 Fama（1965）等人的经典著作，他们都认为“自然选择”是出现有效市场的推动力。随后，Grossberg 和 Gutowski（1987）、Darnasio（1994）、Peters 和 Slovic（2000）、Loewenstein（2000）、Lo 和 Repin（2002）以及邹高峰等（2012）的研究，也强调金融市场的参与者在不同情绪下的决策是典型的非理性行为，可将其看做投资者在自然选择中逐步适应环境、不断进化的一种表现特征。杨招军和秦国文（2006，2011）从进化博弈论和达尔文生物进化论的思想出发，研究了投资策略的时变性和演变规律。杨华蔚和韩立岩（2011）从连续时间均衡模型出发，探讨了市场和公司层面的外部条件对股票价格和收益的影响。石建辉（2011）认为证券市场中存在着价格的异常表现，这正是有新获利机会的预兆，如果人们能够早些发现这个规律，则可以从中获取利润。因此这种分析思路实际也是对原有行为金融理论的一种突破，并没有特指哪种异象会带来机会，而是异象总体的概念，因此利用 AMH 理论能够为市场分析提供统一的思路。此外，Niederhoffer（1997）更是直接且形象地将金融市场比作一个生态系统，并且将市场参与者均比喻为生态系统的一部分。比如投机商类似于肉食动物，存在野心和冲力；交易商类似以植物为生的草食动物；而散户则只能挑拣前两者的残羹，像食腐动物。

另外，在实证分析领域，Neely 等（2009）对外汇市场进行分析，验证了在不同交易策略下，外汇市场超额收益的变化规律与 AMH 一致。Kim 等（2011）以及 Lim 等（2013）以美国为例证实了股市处在不断的进化中，市场有效性也具有时变规律，从而得出了基于适应性市场假说的股票收益可预测模式。Ito 和 Noda（2012）的研究也表明美国股市是不断进化的，并且市场效率以 30~40 年为周期循环波动。韦立坚等（2012）对中国股市风格轮动投资现象进行了分析，并从适应性市场假说的角度对其演进过程给予了充分合理的解释，指出正是投资者对环境的不断适应才导致了风格轮动投资现象。Noda（2012）对日本股票市场有效性进行实证分析，也得出了与 AMH 相符合的结论。杨璇和郭思培（2019）运用动态市场效率的观点，对适应性市场假说在新时代的产物比特币市场进行了检验，结果显示比特币市场的有限指数并非一成不变，证明了适应性市场假说的结论。杨胜刚等（2019）对伦敦金属交易所四种贵金属进行实证分析，发现市场有效性均会随时间推移而改变，并且受经济政治环境变化的影响较大。

此外，宋庆阳（2015）、周孝华等（2017）以及田金方等（2020）也对中国资本市场的数据进行了分析，为适应性市场假说提供了经验证据。

1.2.4 金融风险管理理论

金融风险主要指的是金融机构或者其他经济活动主体未来收益所存在的波动性或不确定性，更多侧重于出现损失的可能性，是金融领域最核心的问题。随着经济活动的日趋复杂以及金融理论的相对完善，金融风险的管理理论也开始不断涌现。其中最重要的就是风险的测度问题，传统的金融风险测量方法主要考察资产收益与某个特定市场因子之间的变化关系，如利率性产品的“久期”“凸性”等，对期权产品的Delta、Gamma、Vega、Theta和RHO等指标。针对这些方法不能将多种风险因子相结合的弊端，Markowitz（1952）提出了“均值-方差”模型，使用统计学中的方差来衡量金融资产的风险，之后被大多学者和实际投资者所接受，并作为度量投资组合收益和风险的工具。此后，William Sharpe（1964）进一步拓展了方差方法，提出资本资产定价模型（CAPM）；Black 和 Scholes（1973）提出期权定价模型；Ross（1976）提出了资本资产套利定价理论（APT），该理论的提出使得金融风险的测度更加复杂化；这三个理论始终贯穿着风险识别、定价和管理的相关研究。

但是如前所述，有效市场理论受到了一定的冲击和质疑，因此在其基础上建立的理论也开始备受挑战。20世纪90年代出现了一种新的市场风险计量和管理的模型方法——VaR（在险价值），该模型是1994年J. R. Morgan投资银行在RiskMetrics系统中引入，从而被广泛认可的。国际银行业巴塞尔委员会（Basle Committee，1996）也利用VaR模型所估计的市场风险来确定银行以及其他金融机构的资本充足率。杨养鹏（2004）将投资心理（过度自信心理和自我归因偏差心理）纳入到证券投资风险度量，这种投资风险的度量方法体现了行为金融思想，同时，作者对比研究了认知风险与传统的方差风险，研究结果表明，认知风险的度量能够更加直接和真实地反映现实的情况。

从已有研究文献来看，对适应性市场及其应用的研究还处在起步阶段，相关文献比较少，研究也不够深入、全面和系统，主要表现在：

（1）现有文献对AMH理论的研究主要基于Lo（2004）的思想，还没有进行更广泛的拓展，并且关于AMH理论在金融风险管理中的应用还没有相关的讨论。

（2）虽然有学者开始对AMH理论进行实证分析，但现有研究大部分集中在市场有效性的验证方面，部分研究针对投资策略和收益的变化特征。在AMH框架下，对所处环境影响股市表现的研究很少，尚未见到对收益与风险动态关系的讨论，特别是还没有见到针对中国股市的相关研究。

(3) 目前对金融波动风险的研究主要分为两大类，一类是基于传统正态分布理论的模型方法，一类是承认有偏胖尾长记忆性等特征的模型方法，并在此基础上进行拓展和构造。现有文献所采用的对模型进行样本外预测性能比较的方法主要有标准统计损失函数法、分位数回归法、EPA 法、SPA 法，基于风险管理的 VaR、CVaR 方法等，还没有纳入综合金融市场“环境”因素的模型及检验。

基于此，把握适应性市场假说的基本思想、内涵和特征等，关注基于适应性市场假说的相关应用研究，进而开展其与金融风险管理理论相结合的研究具有重要的理论和现实意义。运用复杂性科学理论，特别是自回归条件异方差模型，在探索股票价格与金融“生态环境”间相依关系及其时变性等复杂定量特征的基础上，进行股市波动率的估计与预测研究。进一步，运用中国股票市场交易数据及相关变量，基于适应性市场假说对不同的模型进行估计，并解释影响股价波动的因素，利用不同模型对金融资产收益波动率进行预测，考察各种模型在不同时期、不同样本情况下的样本内估计效果和样本外预测性能，同时使用多种不同方法加以综合评价，使得本书的研究成果既有较强的理论创新性，又具备较好的实际应用价值。同时，本书针对最大新兴市场的中国股市来进行实证分析，这有助于在今后的研究中为发现新兴市场的 AMH 规律提供支撑，也为继续完善 AHM 理论体系提供有力的事实依据。

1.3 研究思路与方法

1.3.1 研究思路

本书验证中国股票市场存在较为显著的非理性异象，具有适应性市场假说所强调的市场变化特征，并利用自回归分整移动平均模型（ARFIMA）建立 AMH-GARCH 类模型；基于适应性市场理论，利用上述模型对中国股票市场的波动率进行估计和预测，解释估计结果、经济规律及其形成的内在机理，并与有效市场假说下的模型估计和预测效果进行比较研究；在此基础上，开展股票市场风险测度及避险的研究，并总结适应性市场假说在金融研究中的优势及其对完善现代金融理论所起到的重要作用。本书研究的技术路线如图 1-1 所示。

首先，通过查阅书籍和文献资料，对有效市场假说和行为金融理论进行分析和整理，掌握金融市场理论的发展历史、现状以及存在的问题。在此基础上，了解生物进化论在经济领域的相关研究，引出适应性有效市场假说，并对该理论的

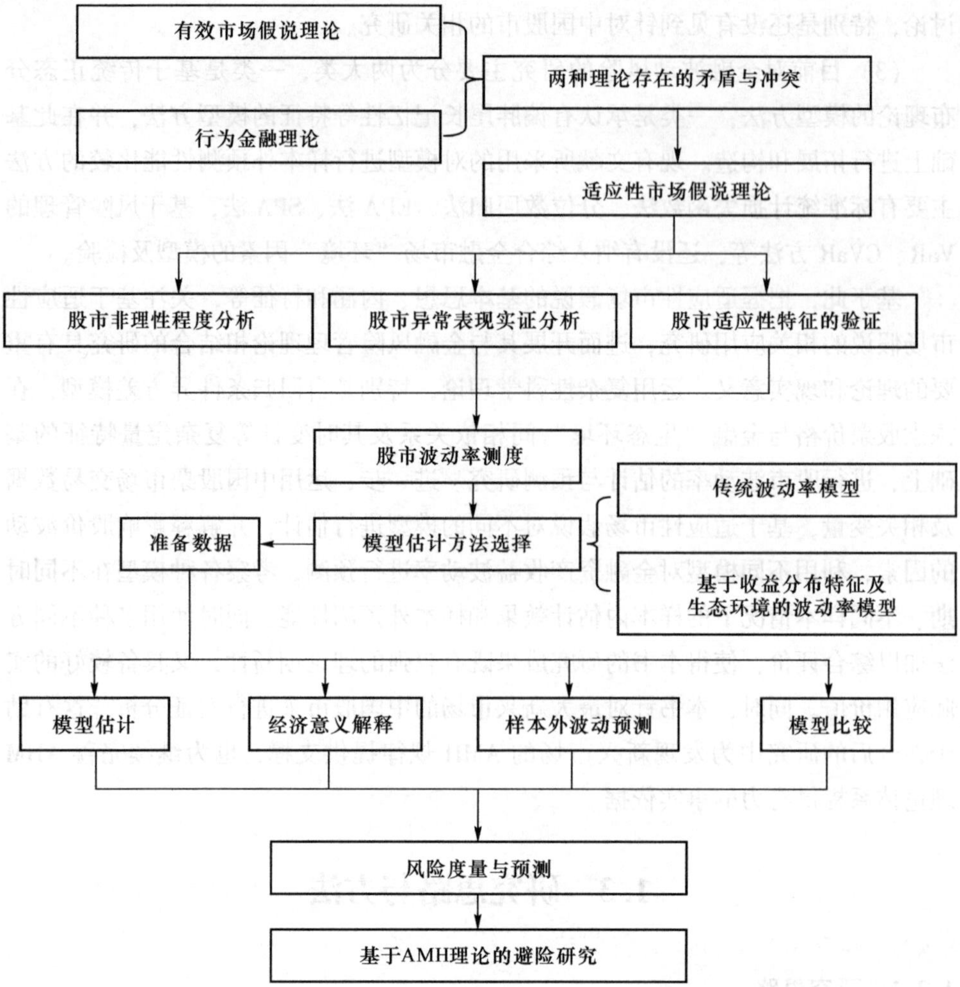

图 1-1 本书研究的技术路线

研究现状进行梳理，了解适应性市场假说在金融研究中的重要作用和优势及其需要深入研究的方向。

其次，在上一步理论梳理完成后，针对中国股票市场中存在的非理性现象进行探讨，并对中国股市的适应性特征进行验证。本书将分析股市整体的非理性程度，并专门研究中国股市中的几种代表性价格异常现象。运用自动混合检验、修正 R/S 模型、LW 模型等对市场有效性进行检验，探讨股市有效性指标的时变特征。采用 IGARCH-M、GJR-M、APARCH-M 验证股市收益与风险的关系。结合经济、社会、文化和自然环境等金融生态环境指标，衡量市场条件改变对股市价格、收益和波动率的影响。

再次，在对股市的适应性市场特征有了清晰地把握之后，构建基于 ARFIMA 过程的 AMH-GARCH 类模型，在研究股市收益记忆性的同时，探索股市收益和股市“生态环境”间的尾部相关关系及其时变特征，并充分考虑股市收益分布的有偏、尖峰和厚尾特征，进行股票市场波动率的估计和预测研究。运用标准统计损失函数法和 Diebold-Mariano 检验等比较传统的波动率模型和 AMH-GARCH 类模型样本外预测精度，以确保其在相关应用领域获得更好的实证结果。

最后，在前面研究的基础上，展开股市风险测度以及风险规避方面的应用研究。构建适应性市场风险度量指标，运用 Kupiec 提出的失败率回顾检验方法检验其对股票 VaR 和 ES 测度的准确度，并根据风险值大小建立预警机制，对金融风险进行提示。之后，利用沪深 300 股指期货进行风险规避的实证研究。

1.3.2 研究方法

本书以文献梳理、理论描述、实证分析和计算机模拟作为基本研究手段，掌握适应性市场假说的产生背景、基本概念、内涵和特征等，对检验适应性市场假说的分析思路和所采用模型及估计方法进行归纳和总结，特别关注基于适应性市场假说的相关应用研究情况。重点运用复杂性科学理论，在适应性市场假说的框架下，探索股票价格与金融“生态环境”间尾部相关关系及其时变特征等定量特征，进行股市波动率的估计与预测研究。进一步，运用中国股票市场交易数据及相关变量，开展风险管理领域的应用研究，对不同的模型进行估计并解释影响股价波动的因素，基于适应性市场假说解释股票价格波动特征形成的机理。利用不同模型对金融资产收益波动率进行预测，考察各种模型在不同时期、不同样本情况下的样本内估计效果和样本外预测性能，同时使用多种不同方法加以综合评价。在此基础上，开展股票市场风险测度及避险的研究，使得本书的研究成果既有较强的理论创新性，又具备较好的实际应用价值。

1.4 研究框架

本书在适应性市场假说框架下，基于金融市场的表现特征，展开相应的应用研究，具体安排如下：

第 1 章，绪论。介绍本书的研究背景，提出研究问题；对有效市场假说、行为金融理论和适应性市场假说的已有研究文献进行梳理，分析其异同；对金融风险管理理论进行评述，说明了本书的研究思路、研究方法和主要创新点等内容。

第 2 章，中国股票市场的非理性异象特征研究。非理性现象的存在引起了对有效市场假说的挑战，也是适应性市场假说产生的意义和前提。通过构造市场非理性指标，首先从整体上分析中国股市投资中非理性程度的大小，并结合中国特色分别对中国股市中存在的几类典型的有限理性行为进行实证分析，包括风险厌恶、热炒新股以及文化冲击等，从而在市场的实际表现上再次印证了有限理性的存在。

第 3 章，中国股票市场的适应性市场假说特征研究。在对适应性市场假说的概念进行界定以及确定检验准则的基础上，针对中国股票市场的实际情况，实证分析其适应性市场特征，分别从股市有效性指标的不确定性、股市收益与风险关系的存在和时变性以及市场条件改变对股市价格、收益和波动率的影响三个方面进行验证。结果表明，中国股市具有明显的适应性特征。

第 4 章，基于适应性市场假说的我国股市波动率建模分析。构建基于自回归分整移动平均模型的 AMH-GARCH 类模型，根据适应性市场理论，探讨股市收益与股市“生态环境”间的相关关系及其时变特征，对股市收益波动率进行估计和预测；并与传统波动率模型进行对比，结果表明，新的波动率模型拟合和预测精度更好。

第 5 章，基于适应性市场假说的我国股票市场风险测度研究。基于第 4 章的结果，构建适应性市场风险测度指标，并根据风险值大小建立股市预警机制，对风险进行提示。

第 6 章，基于适应性市场假说的我国股市避险研究。在承认不同市场间避险可行的前提下，研究中国股市的避险问题，并针对沪深 300 股指期货进行股市的风险规避实证分析。

第 7 章，结论。对本书的内容进行总结，概括本书的主要创新点以及存在的问题，归纳进一步研究的方向。

2 中国股票市场的非理性异象特征研究

2.1 基本概念的界定

2.1.1 有限理性的内涵

理性是对事物的一种认知能力和处理方法，是一种决策过程的描述，在这个过程中人们可以通过清晰的认知进行分析、判断，进而做出符合实际的决策。传统金融学中对人的理性情况非常理想化，认为是一种“完全理性”，即市场参与者作为“理性人”是充满智慧的，他们根据自己的利益最大化目标，不会随波逐流，更不会情绪化，而是完全理智的分析和计算，非理性交易者由于会导致财富减少而最终退出市场。但是1980年以来，伴随着金融研究的不断拓展和深入，发现了越来越多的不能够被现代金融的完全理性所解释的现象，因此使众多学者意识到，仅仅依赖经典金融学的假设并不能完全解释投资者的行为表现，原因可能在于它对投资者理性的规定太过严格。马尔萨斯是最早在研究中涉及非理性经济问题的学者，他认为人是非理性情欲的个体，并不是理性的动物。有限理性（bounded rationality）的概念最初是由阿罗提出的，阿罗认为人的理性行为是有限的，即理性是有意识、有限度的“不完美”理性，因为在当前的社会经济时代，人们面对的环境并不单一，而是所有社会人之间有着千丝万缕关系的复杂世界，经济交往越频繁关系越复杂，因此人们可获得的信息就越有限，从而无法做出完全理性的决策；另外，即使人们能够接触到所有的信息，但是并非所有信息均能够被人们充分理解和认识；最后一个很重要的原因在于，人们的决策很多时候会受到情绪的左右，采用第一印象去判断，而无法运用精密的计算和分析。20世纪40年代，Simon（1948）在其出版的关于决策理论的论著《Administrative Behavior：A Study of Decision-making Processes in Administrative Drganization》中阐述了有关新古典经济学理论存在争议和不符合实际的观点，论著中认为理性是基于生理学和心理学两大学科的概念；与阿罗的观点类似，他也认为人们无论是信息的获取还是学习的能力都是有限度的，因此很难做出有效率的决策使自已达到效用最大化。所以 Simon 认为要注重人们生理的基本特征，承认人类认识事物的有限性，进而导致的各种不完美。西蒙所提出的理论是，将不完全的资讯、处理资讯的费用，以及一些非传统的决策者目标函数引入经济分析，并认为市场参与者所能够提供的有关备选方案只能达到不完全信息状态，成本函数及其他环境约束非常复杂，使得参与者无法做出最佳决策。后续有不少学者提出批评与修正的看法，并认为西蒙所提出的几个考虑因素，都可以被完全理性模型所吸收，因此至今有限理性的实质概念为何，仍未有一致的看法。

本书认同阿罗和西蒙所阐述的有限理性观点，有限理性是指事物发展是极其复杂和多变的，人们对这种发展的本质和环境变化规律认识能力有限；此外，人们在做决策时容易受到情绪和当时周边环境的影响，因此并不能像理论分析一样得到使自己效用最大化的最佳方案；另外，有限理性还具有非自觉性、非逻辑性、冲动性和盲目性等行为特征（张力公，2011）。

2.1.2　股票市场的价格异象

有效市场假说是现代金融分析的核心理论，是当前解释资本市场运行的主流思想。该假说认为市场上的每个参与者都是理性的，资本价格反映的是所有理性人的供求均衡，理性是其首要前提。但是随着研究的不断深入，尤其是随着众多金融市场价格的异常表现，有效市场理论越来越无法给出合理的解释，因此众多学者意识到，有限理性在解释投资者行为表现中的重要作用。股票市场价格异象的实质即为市场参与者的非理性表现所导致的价格偏离资本资产定价模型（CAPM）的异常变动，出现的这些异常变动是无法用理性人假设和有效市场假说进行解释的。通过对非理性内涵的描述，我们知道对事物发展和信息获取的认知障碍是参与者非理性的一个原因；除此之外，股票市场的投资者实质是在参加一种集聚性的社会活动，人们会由于对收益的强烈欲望而形成从众心理，他们可能并不关注资产的内在价值，只是借助周围宏观环境和可获取数据来模仿和追随大多数人的选择；另外，投资者在决策过程中会受到情绪的影响出现一些无意识的思维定势，也会出现一些习惯性的偏好，这些非理性因素导致了市场价格异常现象的出现。

关于股市价格异象的研究大部分出现在 20 世纪 70 年代之后，最早发现的是日历效应，Rozeff 和 Kinney（1976）研究发现了“一月效应”，即证券交易在 1

月份的收益率明显高于其他月份。在此之后，Michael 和 William（1976）发现了季节效应，French（1980）提出了周一效应，Jaffe 和 Westerfield（1985）发现周末效应，Ariel（1987）提出了月末效应，Cadsby 和 Ratner（1992）发现了假日效应。此外，Banz（1981）最早研究了规模效应（size effect）这一现象，相对于由 CAPM 理论所得出的收益率，他发现较小规模的公司能够取得比之更高的回报，并证明了公司规模因子的风险溢价显著为负，这说明了市值较大的股票收益率低于市值小的股票，小公司股票能赚取更高的收益。Shefrin、Statman（1985）和 Odean（1998）对处置效应进行了研究，他们指出股票市场上的投资者对亏损股票和盈利股票的心态是不同的，他们会对亏损股票有很强烈的惜售心理，即因不愿意将损失变为现实而选择继续持有；对盈利股票却是很明显的风险规避，愿意较早锁定收益而卖出股票。此后的大量研究也都证实了处置效应的真实存在性。Basu（1983）以及 Rosenber、Reid 和 Lanstein（1985）分别发现股票收益与账面市值比（B/M）、盈利价格比（E/P）之间的正相关关系，被称为“价值溢价”。Debondt 和 Thaler（1985）发现股市存在“长期反转”效应，即股票过去的长期累计收益与未来的股票长期收益成负相关关系，股市输家和赢家的股票组合在长期会出现反转，投资者可基于此现象制定投资策略，进而获取超额收益。Bhushan（1989）对投资者和证券分析师之间的关系进行了实证研究，证实了“羊群效应”的存在。Jegadeesh 和 Titman（1993）提出股票收益的惯性异象，即股票所能获取的收益保持一种惯性，能够遵循原来的变化趋势，即近期表现好（差）的股票在将来的市场中表现依然好（差）。有的研究也表明，天气也会影响到股票的价格表现，由于天气的情况会影响到投资者的情绪，因此在坏的天气时股票指数往往是下跌的（Saunders，1993），而好的天气往往可能伴随着好的市场表现（Hirshleifer 和 Shumway，2003）。Brown 和 Mitchell（2008）对中国沪深股票市场的研究中，提出了数字崇拜的概念，在这种情况下存在股票价格的聚类效应，两个市场上股票价格数据表明数字 8 出现的概率高于数字 4 近两倍。更进一步，赵静梅和吴风云（2009）对数字崇拜是否会影响人们的投资行为进行了研究，通过对上证股票代码尾数为 8 的股票进行实证分析，得出“发财代码价格贵，发财代码不发财”的结论。

已有的各种股价异象研究表明，股票市场确实存在非理性决策行为，因此按照传统有效市场理论并不能获取超额收益；而 Barber 和 Odean（2000）研究发现投资者对股票的选择往往会受到近来足够引起他们注意的事件所限制，因此需要其他能够考虑周围环境影响、更加贴近现实的理论来支撑。

2.2 中国股市有限理性分析

实证研究表明，有效市场理论所认为的有限理性投资者会被市场抛弃的观点是不符合实际的，大部分投资者无法以理性行为应对市场变化，有限理性对金融市场的影响长期而稳定，进而有限理性程度会对市场走向的判断起到决定性的作用。此外，由于适应性市场假说的提出主要源于市场大量有限理性行为的出现，以及由此引发的对传统有效市场假说的质疑，此项研究也是适应性市场假说研究的前提和意义所在。因此，有必要对中国股市的有限理性程度进行评估和进一步分析，从而有助于金融监管方综合考虑各种影响因素，合理制定监管政策引导市场投资，提高监管的有效性，降低发生危机的风险，更好地维护市场稳定；也能够提供对市场理论研究方面进行拓展的实践支撑，使得市场研究的理论更加完善，更好地指导市场参与者的行为。

市场参与者表现出来的有限理性行为与社会文化背景、经济发展环境、家庭条件和个人的欲望及情绪相关联，从而导致投资者产生认知偏差，仅凭心理感受和屏幕上的数据来做出决策，无论是哪种原因导致了有限理性决策的产生，其影响的最直接表现均是市场交易的异常表现（仪垂林和章仁俊，2004）。当投资者受到外界影响产生非理性行为时，容易导致频繁操作的发生（宋钟玲，2008；秦卓艺等，2013），即换手率很高。因此，本节主要通过分析换手率的情况来对有限理性程度进行探讨。

上证综指和深证成指在1997年1月至2013年10月间的换手率情况见表2-1，具体走势如图2-1所示。

表2-1　沪深股市平均换手率　（%）

项　目	日均换手率	月均换手率	年均换手率
上证综指	0.173	3.491	42.187
深证成指	0.951	19.148	233.420

以往研究表明，股市中较低的换手率可能意味着股市呆滞、鲜有追捧，因此理性股票市场的年换手率约为0.3（朱小斌和江晓东，2006）。但当换手率的值大大超过这一比率时，则一方面意味着市场较强的流动性，能够确保投资者资金的灵活运用；另一方面则表明了股票市场中有限理性的成分占了上风，具有很强的

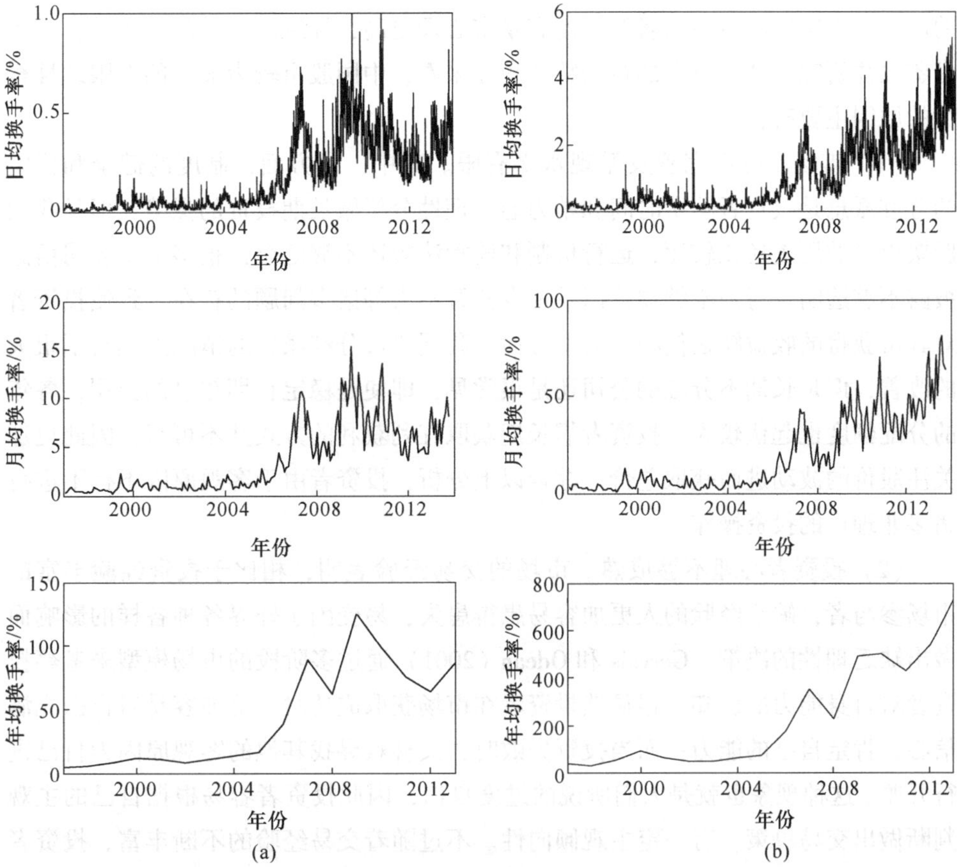

图 2-1 沪深股市换手率

（a）上证综指；（b）深证成指

投机性。我们从表 2-1 可以得出，中国股市的年均换手率远远高于这一理性值，月均、日均换手率也非常高，因此从整体上初步验证了我国股市的非理性现象。

而换手率的走势图表明无论时间频率的大小，两个市场换手率的趋势表现出相似性，即 1997~2006 年间的换手率相对不高，且波动不大；自 2007 年开始至 2013 年 10 月，换手率有大幅上升的趋势，并且出现剧烈波动。相比于深证的情况，上证换手率的上升趋势并不明显，可能原因在于金融危机之后，投资者对股市持不确定态度，更加倾向于短期操作；而深证以中小板为主，便于投资者进出和游资炒作，换手率的增加表明市场交易频繁，也说明交易双方对市场看法有巨大分歧，因此有理由认为投资者是根据自身主观判断制定的交易决策，这也从侧面进一步印证了股市的有限理性。

对于中国股市非理性程度过高的探讨也有很多，如张金华和安同良（2002）的研究认为中国股市参与者的赌博和暴富心理更高，导致股市的高投机性。因此借鉴以往研究，从投资者的行为特征角度来看，中国股市较为显著的有限理性行为的原因主要有：

（1）市场制度不完善及派现水平有限。其中，一方面，制度的健全和稳定的分红派息是投资者花费时间和精力通过理性分析做长期投资的保障，但是我国股票市场的历史还比较短，运行机制和监管法规还不够健全，很多上市公司信息披露不够透明、行为不够规范以及证券监管不力等诸多问题的存在，致使投资者对其可获得的收益缺乏信心。另一方面，我国股市分红派息的情况虽然有了很大的改善，但是长期不分红的公司还是很常见，即使是稳定长期派息的公司，各年的分配额度也起伏较大，投资者靠长期获取红利获利的方式并不可行，因此更加关注股价的波动进而获取差价。综合以上分析，投资者由于客观原因不得不进行诸多非理性的投资操作。

（2）投资者心理不够成熟。市场的交易经验表明，相比于投资经验丰富的市场参与者，缺乏经验的人更加容易患得患失，易受困于外界各种各样的影响而做出缺乏理性的决策。Gervais 和 Odean（2001）通过多阶段的市场模型来考察投资者对自身能力的认知，很显然投资者在市场获取成功时，更加容易对自己充满信心、肯定自己的能力；而当投资失败时，又喜欢寻找其他的客观原因为自己进行开脱。这种现象也就是人们所说的过度自信，因此投资者容易根据自己的主观判断做出交易决策，有一定主观倾向性。不过随着交易经验的不断丰富，投资者会越来越适应周围环境的发展以及市场的运作规律，进而变得更加客观，这种现象也会得到一定程度的缓解。

（3）文化背景的影响。为了对比发达国家成熟市场中投资者和我国股市投资者之间的差异，Hsee 和 Weber（1999）设计了针对美国和中国两所大学学生的调查问卷。问卷结果经过处理之后得到了两个完全出乎意料的结论：首先，对风险的态度，中国投资者表现出更高的风险偏好特征；其次，在对中美两国投资者风险态度的预期中，两个国家大学生的预期结果均为美国投资者会更加偏好风险。根据他们的研究，两国投资者对股市的态度差异源于两个国家的文化背景和价值观念的不同，他们认为中国人是一个很注重社会关系的群体，多处在一个由亲朋好友组成的关系网中，在中国人面对经济上的困境时，会从周围获得帮助使其危机得到一定的缓冲，因此若投资失败，也不会真的走投无路；而美国人更加注重个人主义，不会存在这种所谓的“后援”。诸如此类的文化差异，也是加速中国股市的有限理性行为的主要原因。

下一节，我们将根据中国市场的特点，分别从对风险的态度、IPO 以及文化影响几个方面，进一步对中国股市的有限理性进行实证分析和验证。

2.3 基于投资者非理性行为的异象特征研究

中国股票市场是新兴市场的典型代表，非理性程度更加突出。针对中国股市本身的特殊性，本节重点探讨几类由于投资者有限理性所导致的价格异常现象，进一步证实上一节得出的结论。

本书用到的数据主要是指数数据，选择中国股市最具代表性的上海证券交易所综合股价指数（SHCI）和深圳证券交易所成份股价指数（SZCI）作为主要研究对象。

2.3.1 股市中的风险厌恶

本节采用的样本区间选择如下，两个市场指数选择 2006 年 1 月 1 日至 2013 年 10 月 31 日时间段，共 1897 个交易日，数据来源于招商证券系统。

记 I_t 表示沪深股票指数第 t 天的收盘价，则股价指数日收益率 R_t 计算如下：

$$R_t = 100 \times (\ln I_t - \ln I_{t-1}) \tag{2-1}$$

2.3.1.1 风险厌恶系数及其度量

风险厌恶的概念是对市场投资者普遍厌烦市场大幅波动的统称，即当人们可获得的收益相同时，更加喜好确定的而非起伏较大的收益，而这种偏好的大小用数值来具体衡量，可以选择风险溢价指标（王江，2006）。风险厌恶的类别可以分为两类：绝对风险厌恶（ARA）和相对风险厌恶（CRRA），当我们的效用函数形式为 $U(w)$ 时，两类风险厌恶可表示为：$ARA = -\frac{U'(w)}{U''(w)}$，$CRRA = -w\frac{U'(w)}{U''(w)}$。由此可知，$CRRA$ 指标纳入了初始财富值 w，即 $CRRA$ 与 w 直接相关，因此该指标更接近真实情况。采用相对风险厌恶系数（$CRRA$）进行分析，并以市场风险溢价为基础对其进行估计，按照 Cotter 和 Hanly（2010）的研究可得：

$$\frac{E(r_m) - rf}{\sigma_m^2} = \lambda(CRRA) \tag{2-2}$$

式中，$E(r_m)$ 为市场的期望收益；rf 为无风险收益；σ_m^2 为市场收益的方差。

式（2-2）表明，$CRRA$ 指标表示一个单位风险所需获取的额外补偿（超额收益)。根据 Frankel (1982) 以及 Giovannini 和 Jorion (1989) 的分析框架，得出 *CRRA* 的估计方程 (2-3)：

$$R_t = \lambda\sigma_t^2 + \varepsilon_t \tag{2-3}$$

此处采用 Engle 等人 (1987) 提出的 GARCH-M 模型来估计式 (2-3)，条件方差记为：

$$\begin{aligned}[\varepsilon_t]|\Omega_{t-1} &\sim N(0, \sigma_t^2)\\ \sigma_t^2 &= c + a\varepsilon_{t-1}^2 + \sigma_{t-1}^2\end{aligned} \tag{2-4}$$

式中，R_t 为所投资股票的收益；ε_t 为残差；σ_t^2 为所投资股票的方差；Ω_{t-1} 为 $t-1$ 期的信息集。

2.3.1.2 风险厌恶系数的估计

风险厌恶系数是衡量投资者面对可能存在风险时所持态度的一个重要指标。针对我国证券市场的实际数据，得出的静态 *CRRA* 结果上证综指为 0.01385，深证成指为 0.01924；而时变 *CRRA* 结果如图 2-2 所示，对其的描述性统计结果见表 2-2。按照传统金融理论分析思路，投资者应该对市场上存在的风险具有极度厌恶的情绪，从而导致风险厌恶系数为正。但是，由实证结果我们可以看出两类指数的 *CRRA* 大部分时间为负值，说明投资者实际是表现出了一定程度的风险偏好，同时也说明在我国股票市场中，并不符合投资者都是风险回避的有效市场假说。

表 2-2 *CRRA* 序列的基本统计特征

项 目	均值	标准差	最小值	最大值
上证综指	0.002328	0.00276	-0.09943	0.170543
深证成指	0.009693	0.002494	-0.07911	0.229424

金融市场中的很多现象都由人的心态决定，是人们在“贪婪与恐惧”中摇摆的结果，以上现象可能由市场参与者对收益风险和损失风险的不同态度导致。当投资者处于收益状态时，表现出明显的风险厌恶特征，即不喜欢波动，从而会尽快获利了结；而当投资者处于亏损状态，即被“套牢”时，则因害怕失去财富而继续持有手中的资产不愿意卖出，以等待合适的获利机会，表现出的结果即

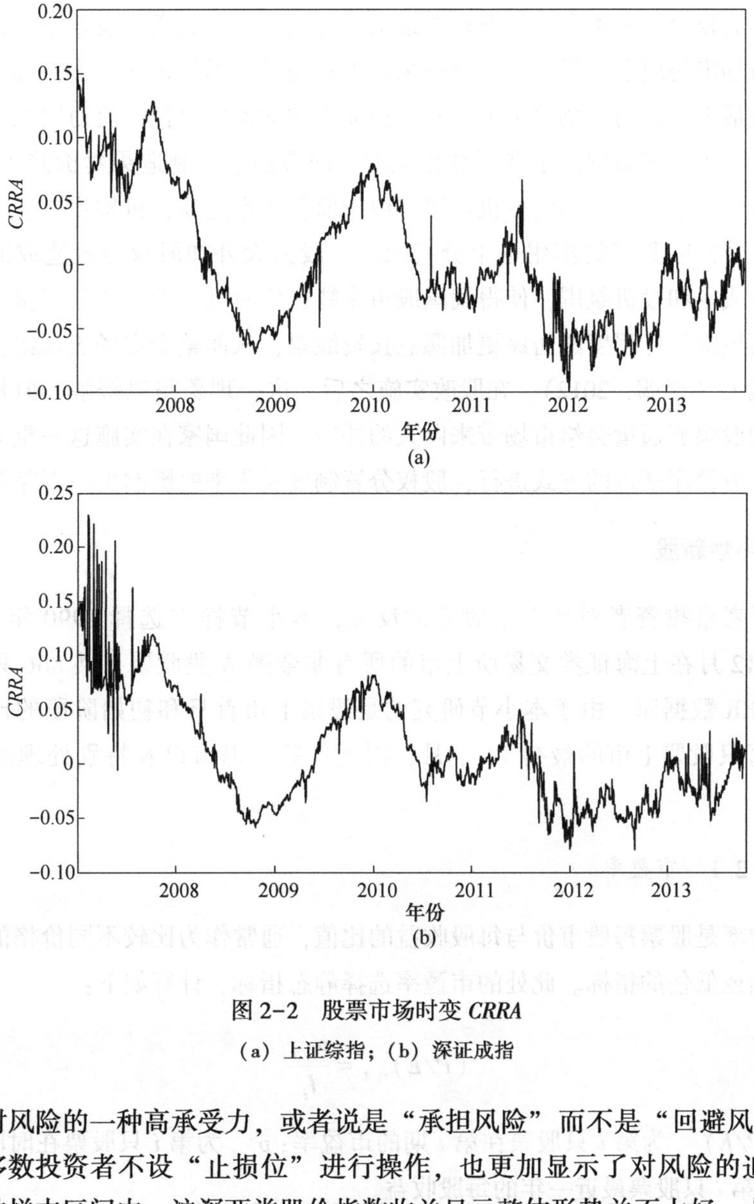

图 2-2 股票市场时变 *CRRA*

(a) 上证综指；(b) 深证成指

是人们对风险的一种高承受力，或者说是“承担风险”而不是“回避风险”；市场中的多数投资者不设“止损位”进行操作，也更加显示了对风险的追逐。而在所选的样本区间中，沪深两类股价指数收益显示整体形势并不太好，大部分时间处于一种负收益状态，因此所得出的 *CRRA* 结果与实际情况比较吻合。

此外，可能影响投资者风险偏好行为的另一个因素为市场制度环境。尽管 1999 年我国正式实施证券法之后，监管部门对证券市场运行的规范性陆续进行了完善，但是投资于股市的资金占收入比例并没有明显增长（邓可斌，2006），这也说明人们偏好无风险资产，而进入股市的前提是能获得足够高的风险补偿。

这种现象与中国股市的一大特色“股权分置”有相当大的关系，徐迁（2004）分析了流通权分隔下不同类别股东的最优行为模式：非流通股股东由于无法通过在二级市场出售股票获得收益，往往采用关联交易、提供担保、掏空等方式谋求自身利益最大化，而市场价格无法对其构成有效的监督惩罚；流通股东在承受非流通股东侵害的同时倾向于选择炒作题材、内幕消息等制造买卖价差赚取收益，很大程度促生了市场浓厚的投机情绪。由于监督成本过高，机构投资者参与公司治理、监督控股股东的作用也十分有限，一股独大外加股权分置造成的定价扭曲、代理成本和投机氛围，使得我国股市未能提供有吸引力的风险回报，结果自然是具有风险偏好程度的居民更加愿意投资股票，从而整个市场表现出较高的风险承受能力（李娜，2012）。在股改实施之后，这一现象得以缓解，但是由于股改增加的股票流通量会给市场带来巨大的冲击，因此国家在实施这一重大变革的过程中采取循序渐进的方式进行，股权分置制度所带来的影响也一直存在。

2.3.2 热炒新股

为了考察投资者对新上市股票的反应，本小节样本选择 1990 年 12 月至 2009 年 12 月在上海证券交易所上市的所有非金融 A 股股票，共 866 只，数据来自 CCER 数据库。由于本小节研究的是股票上市首日和初始阶段的比较，时间段为每只股票上市的最初 12 个月，因此停牌、退市以及特别处理的股票均未剔除。

2.3.2.1 市盈率

市盈率是股票每股市价与每股收益的比值，通常作为比较不同价格的股票是否被高估或低估的指标。此处的市盈率选择静态指标，计算如下：

$$(P/E)_{i,\ t} = \frac{p_{i,\ t}}{I_i} \tag{2-5}$$

式中，$(P/E)_{i,\ t}$ 为第 i 只股票在第 t 期的市盈率；$p_{i,\ t}$ 为第 i 只股票在时间 t 的价格；I_i 为第 i 只股票最近一年的每股收益。

在对比不同特征股票组合的市盈率时，我们采用股票组合在各期市盈率的组合内均值，并且为了消除异常值的影响，剔除了市盈率为负值以及收益率超过 200 的股票（赵静梅和吴风云，2009）。股票组合市盈率均值的计算公式如下：

$$A(P/E)_t = \frac{1}{n}\sum_{i=1}^{n}(P/E)_{i,\ t} \tag{2-6}$$

2.3.2.2 异常收益率

为了消除市场整体走势对个股收益的系统性影响，本小节采用异常收益率（abnormal return）来度量单只股票的表现，即个股收益高于市场平均收益的大小。异常收益率的定义如下：

$$r_{i,\ t} = \frac{p_{i,\ t} - p_{i,\ t-1}}{p_{i,\ t-1}} - \frac{IN_{i,\ t} - IN_{i,\ t-1}}{IN_{i,\ t-1}} \tag{2-7}$$

式中，$r_{i,\ t}$ 为第 i 只股票 t 时期的异常收益率；$IN_{i,\ t}$，$IN_{i,\ t-1}$ 分别为对应于第 i 只股票 t 期与 $t-1$ 期时的上证综合指数点位。

同理，股票组合第 t 期的平均异常收益定义为：

$$Ar_t = \frac{1}{n}\sum_{i=1}^{n} r_{i,\ t} \tag{2-8}$$

相应地，第 t 期的累计异常收益率值 CAr_t 则为：

$$CAr_t = \sum_{m=1}^{t} Ar_m \tag{2-9}$$

2.3.2.3 股票上市首日表现

考察股票在上市首日及最初 12 个月的平均市盈率和累计异常收益率，我们得到表 2-3 的结果。

表 2-3 上市首日及最初 12 个月股票平均市盈率及累计异常收益率对比

时间/月	市盈率	累计异常收益率/%
0	46. 666	193. 576
1	45. 922	-1. 905
2	44. 867	-0. 857
3	44. 812	0. 329
4	44. 935	-0. 307

续表 2-3

时间/月	市盈率	累计异常收益率/%
5	45.698	0.095
6	45.820	0.418
7	46.726	0.336
8	46.930	-0.230
9	46.975	-0.326
10	47.552	0.143
11	48.143	0.241
12	48.589	0.724

由表 2-3 结果我们发现：（1）根据市盈率的平均水平，上市首日与其他时间段并无显著的区别。（2）但是累计异常收益率的结果存在显著的差异，上市首日为 193.58%，远远高于上市初始的 12 个月。

由此可知，新股上市首日存在较高的异常收益，但在接下来的两个月内获得了负的异常收益值。奇高的异常收益现象与发行“抑价”有一定关系，并且此现象在很多国家都存在，这也是学术界对该现象较为认同的一种解释，Ritter（2011）曾经统计了各国的抑价水平，发现英美等国的异常收益率值为 16%左右，而中国截止到 2010 年的平均值竟达 137.4%，本小节得出了类似的研究结果，也说明中国市场的特殊性。我国 1999 年采用累计投标定价导致发行价猛涨，但是在这种情况下初始异常收益依然暴涨，就说明只是利用发行“抑价”来解释似乎理由不太充分，也有理由相信初始收益过高很大程度上是由于新股上市价格被严重高估所导致的，后市存在非理性行为，即存在对新股的盲目推崇。宋逢明和梁洪昀（2001）、曹凤岐和董秀良（2006）的研究也支持这一观点，认为该现象的影响因素主要源于二级市场，是二级市场上的价格虚高导致。接下来两个月的收益表明其收益低于市场或者老公司，更证明了对新股盲目推崇的心理现象。对新股盲目推崇可能与新股的发行量有很大的关系，目前中国市场并不完善，可投资的产品有限，而我国实行核准上市制度，与当前热议的注册制度相比，证监会的审核限制了大量符合条件的上市公司，也就造成了市场新股供不应求的局面，即便新股发行过程中合理定价，依旧会得到投资者的过度追捧，而这种现象会更加坚定投资者对新股的信念，周而复始形成了一种特殊的股市异象。

从政策制度的角度来看，上市公司信息披露机制不完善，普通投资者只能根据证监会审核通过的发行公告和招股说明书等信息来判断发行公司的情况，而承销商和上市公司为了通过审核，对很多不利信息会采取相应的屏蔽措施，从而在信息披露方面存在着很多漏洞。另外，我国新股发行采取询价制度，而询价对象是指符合《证券发行与承销管理办法》规定条件的证券投资基金管理公司、证券公司、信托投资公司、财务公司、保险机构投资者、合格境外机构投资者及其他符合条件的投资者。在询价过程中，这些机构可能会为了自身的利益而联合起来采取不正当的手段，从而达到降低新股发行价格的目的（任小滨，2014），两种原因结合在一起即为低价发行和二级市场盲目炒作所导致的首日超高收益率。

2.3.3 文字偏好对股票市场价格波动的影响

象形和表意是汉字最主要的特征，汉字要最简洁地表现自然万物的特点，必须找到自然万物的鲜明特征和“相别异”之处，完成一种抽象与概括的原型作用，涵盖一种原始性的意念和意象。由于受汉字产生的启发，中国证券投资者在对不同股票进行投资时往往进行溯源，从中有所发现，寻找有利股票，并以此作为操作的依据，这种简单类比和归类的方法是大脑面对复杂的市场环境走捷径进行“典型”选股的反应。由于汉字的表意功能，投资者对股票名称好坏的判断往往凭借字面意思理解，本小节基于此对文字偏好的影响进行探讨。样本选择同2.3.2，并且为了考察中国股市与中国文字之间的关系，对所有股票根据名称进行分组，其中含有“金、银、福、顺、龙、凤”的股票为吉祥文字股票，共66只，其余为非吉祥文字股票；含有“四、西、谷、空、熊”的股票为忌讳文字股票，共34只，其余为非忌讳文字股票。我们分别考察上市首日以及随后12个月各组股票的市场表现与吉祥、忌讳文字的关系。

2.3.3.1 股票市盈率和收益率的分布特征

A 股票市盈率

对比各股票组合在各时间段的平均市盈率及与对立组合之间市盈率的差值，

我们得到表2-4的结果，图2-3为吉祥文字与忌讳文字股票组合市盈率及其对立组合间市盈率差值的直观分布图。

表2-4 各组合股票平均市盈率及对立组合市盈率之差

时间/月	吉祥文字股票			忌讳文字股票		
	吉祥文字	非吉祥文字	差值	忌讳文字	非忌讳文字	差值
0	52.265	46.213	6.052	38.104	46.998	-8.894
1	51.930	45.496	6.434	38.842	46.196	-7.354
2	54.191	44.096	10.095	37.637	45.150	-7.513
3	51.092	44.293	6.799	42.415	44.908	-2.493
4	50.236	44.497	5.739	39.152	45.168	-6.016
5	51.394	45.229	6.165	43.495	45.790	-2.295
6	53.520	45.185	8.335	46.465	45.794	0.671
7	53.474	46.177	7.297	43.819	46.843	-3.024
8	50.878	46.610	4.268	45.027	47.007	-1.98
9	51.639	46.594	5.045	47.703	46.946	0.757
10	51.129	48.503	2.626	45.411	47.639	-2.228
11	51.563	47.260	4.303	47.837	47.639	0.198
12	52.577	48.264	4.313	47.432	48.637	-1.205

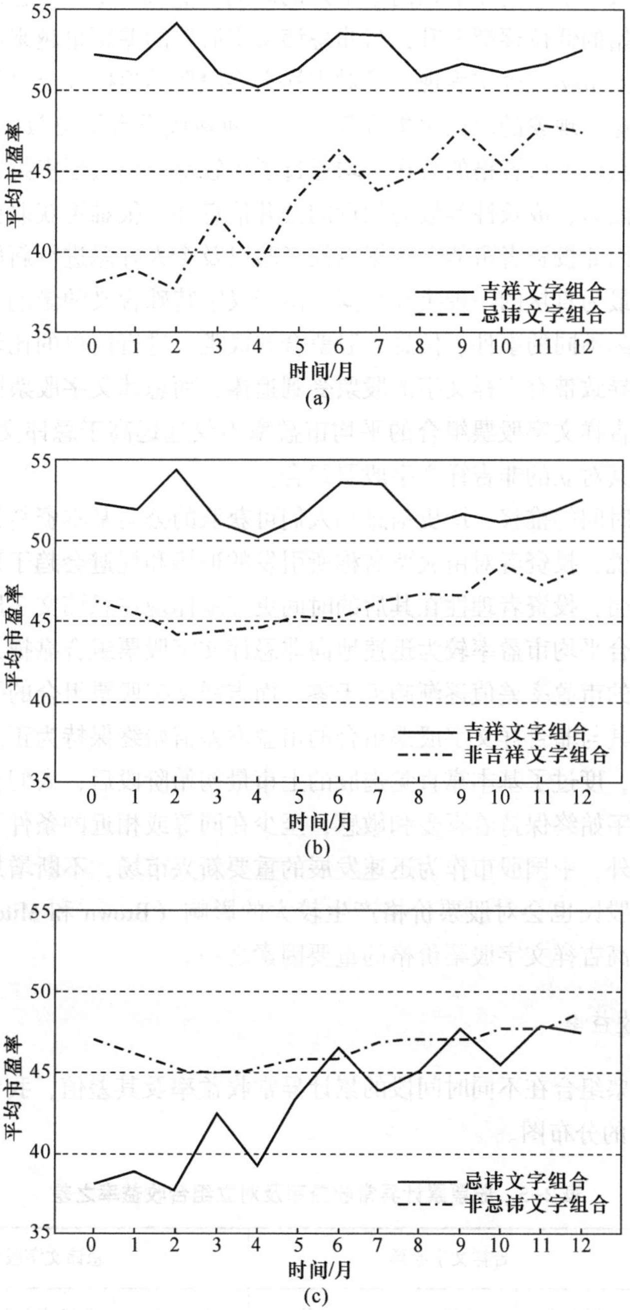

图 2-3 吉祥文字股票与忌讳文字股票组合平均市盈率

(a) 吉祥、忌讳文字组合；(b) 吉祥、非吉祥文字组合；(c) 忌讳、非忌讳文字组合

综合市盈率及其差值的表现来看，吉祥文字股票的市盈率始终居高不下，且与非吉祥文字股票组合的差值在前十个月的时间一直高于5；而忌讳文字股票的市盈率则从开始的低位逐渐上升，与非忌讳文字股票的差距也越来越小。这个情况说明在股票上市初期确实表现出了对吉祥文字股票的追捧以及对忌讳文字股票的回避，造成这一现象的原因可能在于，一方面新股没有历史数据做投资参照，另一方面能够获取上市资格的公司，均通过了监管部门的层层审批，投资者除整体业绩、盈利能力、成长性等较为相近的公开信息外，很难再获取更多以供判断分析的资料。因此投资者可能会依据以往经验以及个人好恶进行新股选择，而股票名称显然是最为直接的一种决策依据；由于汉字特殊含义的影响，投资者往往将表面相似实际不同的事件、信息、股票合并成类，进行简单的比较，作为操作的依据，从而导致带有吉祥文字的股票受到追捧，而忌讳文字股票则受到了一定程度的规避。吉祥文字股票组合的平均市盈率不仅远远高于忌讳文字股票组合，且始终高于与其对立的非吉祥文字股票组合。

此后随着时间的推移，历史信息和人们可获取的公司基本资料开始增多，按照理性预期假说，投资者对由股票名称所引发的追捧和规避会趋于理性。但本节的实证结果表明，投资者理性在其后的时间更多地体现在忌讳文字股票上，即忌讳文字股票组合平均市盈率较为迅速地向非忌讳文字股票组合靠拢，其与非忌讳文字股票组合的市盈率差值逐渐趋近于零。而吉祥文字股票组合的平均市盈率始终居高不下，其与非吉祥文字股票组合的市盈率差值始终保持为正。这种情况的原因可能在于，度过了基本靠直觉选股的上市最初始阶段后，人们在投资分析过程中对吉祥文字始终保持着喜爱和敏感，至少在同等或相近的条件下，获得了优先被选权；此外，中国股市作为迅速发展的重要新兴市场，不断增加且没有过多投资经验的新股民也会对股票价格产生较大的影响（Brown 和 Mitchell，2008），这可能也是推高吉祥文字股票价格的重要因素之一。

B 股票收益率

对比各股票组合在不同时间段的累计异常收益率及其差值，我们得到表 2-5 和图 2-4 所示的分布图。

表 2-5 股票累计异常收益率及对立组合收益率之差

时间/月	吉祥文字股票			忌讳文字股票		
	吉祥文字	非吉祥文字	差值	忌讳文字	非忌讳文字	差值
0	298.441	185.662	112.779	305.450	189.230	116.22

续表 2-5

时间/月	吉祥文字股票			忌讳文字股票		
	吉祥文字	非吉祥文字	差值	忌讳文字	非忌讳文字	差值
1	0.993	-2.143	3.136	7.565	-2.272	9.837
2	4.302	-3.344	7.646	5.852	-3.096	8.948
3	4.271	-2.985	7.256	6.788	-2.792	9.58
4	4.470	-3.333	7.803	3.306	-2.971	6.277
5	5.325	-3.301	8.626	2.436	-2.836	5.272
6	6.732	-2.965	9.697	1.058	-2.344	3.402
7	5.759	-2.522	8.281	0.798	-1.984	2.782
8	4.008	-2.628	6.636	1.263	-2.243	3.506
9	3.241	-2.918	6.159	2.29	-2.713	5.003
10	2.554	-2.707	5.261	-1.499	-2.414	0.915
11	4.642	-2.617	7.259	-2.439	-2.123	-0.316
12	5.910	-1.938	7.848	-1.432	-1.411	-0.021

通过对累计异常收益率的分析，我们可以发现：（1）收益率的变化情况并不像市盈率那样单一，吉祥文字和忌讳文字股票的异常收益率在开盘首日分别为各自组合的最大值，这与我们在上一小节中得到的结论一致。（2）如图 2-4（a）所示，吉祥文字股票组合累计异常收益率在前 3 个月均低于忌讳文字股票组合，但其累计异常收益率逐步上升；而忌讳文字股票组合的累计异常收益率则有逐步下降的趋势，并在 6 个月后开始围绕零值上下波动。（3）如图 2-4（b）、（c）所示，组合间的累计异常收益率的对比表明，吉祥文字股票组合的累计异常收益率始终大于非吉祥文字股票组合，且这种差距还有逐步增加的趋势；忌讳文字股票组合的累计异常收益率不断下降，并在前 10 个月大于非忌讳文字股票组合，

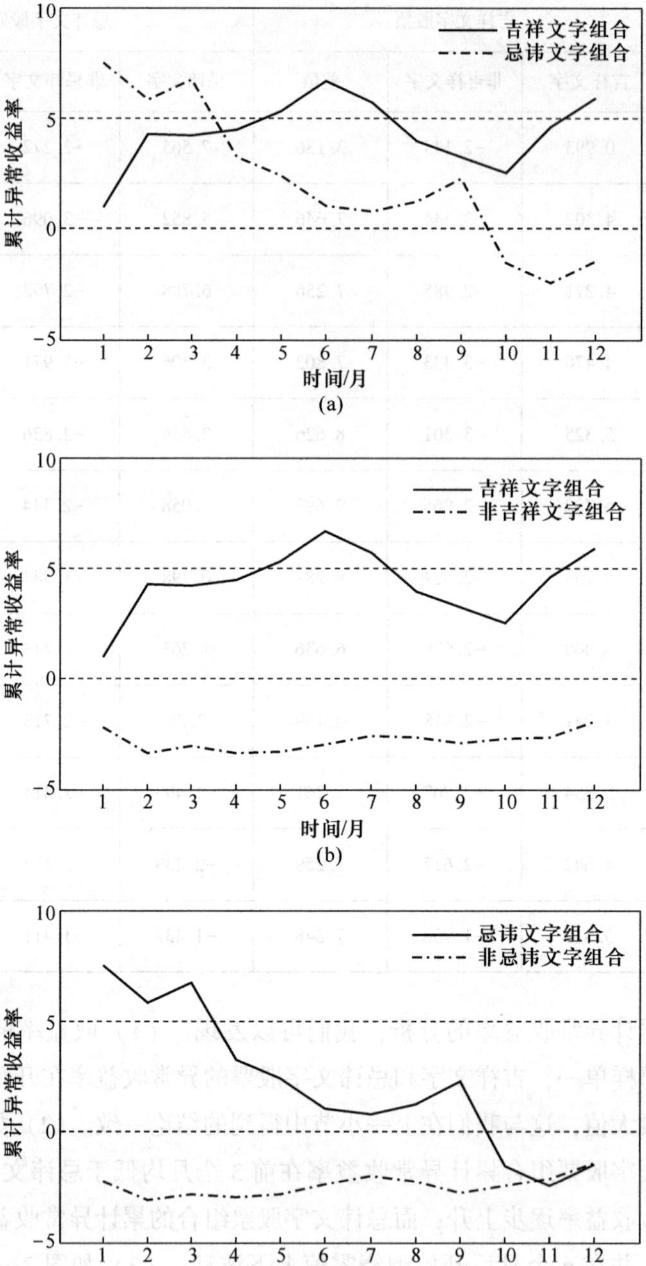

图 2-4　吉祥文字股票与忌讳文字股票组合累计异常收益率

(a) 吉祥、忌讳文字组合；(b) 吉祥、非吉祥文字组合；(c) 忌讳、非忌讳文字组合

之后开始接近并小于非忌讳文字股票组合的收益率。在所考察的时间段内，吉祥文字与非吉祥文字股票组合的收益率并未相互靠拢，而忌讳文字与非忌讳文字股票组合的差距则有明显下降的趋势，这都表明人们对吉祥文字偏好始终存在，而对忌讳文字股票的投资行为趋于理性。这一现象与前面我们对市盈率的结论一致。

综合以上情况，各组合股票异常收益率均在首日达到最大值，这与我国股票上市交易要经历一级、二级两个市场，以及我国股市中长期存在的"逢新必炒"的心理有关。而吉祥文字股票的异常收益率在上市首日及随后3个月低于忌讳文字股票的这种现象，我们可以从以下方面理解。通常来讲，承销商和公司会考虑到人们选股的一些心理因素，从而对确定发行价格产生影响。如果存在文字偏好，则在发行价中会有所体现，通过实证我们也发现吉祥文字股票组合平均发行价为8.14元，高于忌讳文字股票组合平均发行价5.18元近57个百分点，而收益率与价差和基础价格相关，基数不同导致吉祥文字股票价格变动幅度相对于忌讳文字股票来说要小，因此导致首日及接下来的一小段时间吉祥文字股票组合的累计收益率低于忌讳文字股票组合。此外，随着时间的延长，吉祥文字股票组合异常收益率不断上升且始终高于非吉祥文字股票组合，以及忌讳文字股票组合异常收益率逐渐下降至消失的现象表明，人们对吉祥文字的偏好确实具有持续性，而对忌讳文字更理性，这与市盈率的结论一致，这种现象导致吉祥文字股票组合与忌讳文字股票组合价格变动绝对值的差距开始逐渐变大，从而克服了基数的影响，使吉祥文字股票组合收益率开始反超忌讳文字股票组合；而吉祥文字股票市盈率、异常收益率不断增加的异常表现，除了我们前面讨论过的原因以外，综合来看还可能由于股民的不成熟，我国股民以个人投资者为主且充斥社会各个阶层，通过有针对性地全面分析进行选股的人不多，除一些明显的利好、利空消息外，大部分甚至只看均线、K线决定一切，因此随着初期文字崇拜效应的不断累积，也使得此类股票不断水涨船高。

需要指出的是，以上分析得出的结论，依据的仅是对数据走势的基本描述，但是影响股票市盈率和累计异常收益的因素众多。因此，在考虑其他对股票价格和收益会产生重要影响的因素之后，本小节提出的文字偏好效应在统计意义上是否仍然显著呢？下面，我们借助多元回归分析方法来进一步探讨文字偏好对股票市盈率和收益率的影响。

2.3.3.2 股票市盈率和收益率的回归分析

A 回归模型构造

Whitbeck 与 Kisor 是最早对市盈率的变化原因进行回归分析的学者，他们选取股息支付率、每股收益率和风险三个变量进行实证分析（Whitbeck 和 Kisor，1963）。而此后对市盈率影响因素的研究主要集中在股票收益（白娜等，2002；乔峰等，2002）、规模（赵静梅和吴风云，2009；何诚颖，2003；徐筱凤和李寿喜，2005）、流动能力（武一等，2002）、风险（Whitbeck 和 Kisor，1963；白娜等，2002；乔峰等，2002）等方面。因此，我们选择收益率作为每股收益和风险的指标、总股本作为公司规模的指标、流通股比例作为市场流动能力的指标。另外，我们又加入了股市投资的机会成本变量——基准利率；同时，由已有研究显示，行业因素也能够对股市表现产生重要的影响（Andrew，1992），我们选取自变量时加入新兴产业变量，具体行业包括节能环保、信息技术、生物医药、新材料、新能源和高端装备制造等。此外，由于上市首日没有历史变动数据作为市场行为的参考，我们加入大盘指数变动代表市场活跃情况指标。构造回归模型如下：

$$P/E = \alpha_0 + \alpha_1 Luc + \alpha_2 Tab + \alpha_3 BR + \alpha_4 LnCap + \alpha_5 Tra + \alpha_6 RoR + \alpha_7 Ind + I(t=0)\alpha_8 MCOR + \varepsilon \tag{2-10}$$

式中，Luc、Tab 分别为股票名称中含有吉祥文字和忌讳文字的哑变量，含有吉祥文字或忌讳文字时为 1，其余为 0；BR 为基准利率；$LnCap$ 为总股本的对数；Tra 为流通股比率，即可在市场交易的股票比例；RoR 为股票收益率；Ind 为产业哑变量，战略性新兴产业为 1，其余为 0；$I(t=0)$ 为当 $t=0$ 时，即上市首日为 1，其余为 0 的控制变量，$MCOR$ 为大盘收益率。

对异常收益率的回归，我们参照 Ritter 使用的多因素分析方法（Ritter，1991），选择总股本、市盈率和产业变量，又加入了反映市场活跃程度的换手率指标（李姝婧，2010），此外上市首日加入了发行价作为基准参考价以及第一大股东持股比作为股东对股票积极参与和控制程度的指标。构建模型如下：

$$r = \beta_0 + \beta_1 Luc + \beta_2 Tab + \beta_3 LnCap + \beta_4 Hsl + \beta_5 P/E + \beta_6 Ind + I(t=0)(\beta_7 P_0 + \beta_8 Sha) + \varepsilon \tag{2-11}$$

式中，Hsl 为换手率；P_0 为股票发行价格；Sha 为第一大股东持股比率；其余变量同市盈率模型。

B 回归结果分析

经异方差稳健性调整的回归分析结果见表 2-6 和表 2-7。

表 2-6　股票市盈率回归结果

时间/月	α_0	*Luc*	*Tab*	*BR*	*LnCap*	*Tra*	*RoR*	*Ind*	*MCOR*
0	218. 967***	0. 712***	-11. 510***	-2. 111***	-8. 580***	0. 017**	0. 012***	5. 491***	0. 173***
	(99. 378)	(2. 926)	(-20. 329)	(-62. 283)	(-85. 051)	(2. 071)	(14. 941)	(18. 016)	(3. 505)
1	164. 410***	4. 280***	-8. 240***	-1. 051***	-5. 190***	-0. 488***	0. 299***	1. 855***	
	(194. 352)	(9. 554)	(-6. 514)	(-27. 519)	(-124. 188)	(-82. 821)	(39. 836)	(8. 302)	
2	130. 9126***	7. 497***	-5. 972***	-1. 095***	-3. 865***	-0. 2440***	0. 277***	0. 905***	
	(86. 466)	(21. 892)	(-31. 150)	(-127. 174)	(-43. 261)	(-27. 924)	(74. 404)	(6. 548)	
3	132. 562***	5. 632***	-2. 150***	-1. 196***	-3. 966***	-0. 232***	0. 262***	1. 796***	
	(59. 041)	(8. 277)	(-5. 606)	(-60. 417)	(-34. 389)	(-21. 060)	(69. 325)	(8. 830)	

续表 2-6

时间/月	α_0	*Luc*	*Tab*	*BR*	*LnCap*	*Tra*	*RoR*	*Ind*	*MCOR*
4	128.227***	3.876***	-4.298***	-1.488***	-3.749***	-0.182***	0.190***	2.539***	
	(63.983)	(5.757)	(-8.173)	(-51.524)	(-34.961)	(-11.300)	(19.572)	(5.808)	
5	135.705***	4.761***	-1.150***	-1.116***	-4.273***	-0.128***	0.129***	2.153***	
	(96.084)	(17.174)	(-3.370)	(-49.842)	(-64.707)	(-12.896)	(37.576)	(10.655)	
6	137.118***	7.012***	1.103***	-1.330***	-4.411***	-0.079***	0.038***	4.609***	
	(98.702)	(19.088)	(3.216)	(-42.553)	(-69.899)	(-16.767)	(6.496)	(17.355)	
7	146.915***	7.241***	-2.328***	-1.462***	-4.648***	-0.197***	0.219***	4.250***	
	(143.163)	(15.53)	(-3.366)	(-95.078)	(-104.111)	(-36.740)	(56.849)	(18.902)	

续表 2-6

时间/月	α_0	*Luc*	*Tab*	*BR*	*LnCap*	*Tra*	*RoR*	*Ind*	*MCOR*
8	142.442***	3.677***	-1.526***	-1.523***	-4.388***	-0.170***	-0.002	3.457***	
	(211.356)	(11.458)	(-3.633)	(-92.460)	(-144.930)	(-24.779)	(-0.383)	(19.321)	
9	152.156***	4.461***	-0.576	-1.598***	-4.829***	-0.204***	0.138***	2.766***	
	(74.230)	(18.304)	(-0.562)	(-47.453)	(-46.970)	(-17.695)	(20.833)	(13.119)	
10	159.781***	3.391***	-2.061*	-1.743***	-5.107***	-0.225***	0.229***	1.390***	
	(117.991)	(24.696)	(-1.709)	(-74.208)	(-74.113)	(-25.361)	(25.183)	(5.893)	
11	156.072***	2.644***	1.603***	-1.824***	-4.952***	-0.156***	0.068***	0.548***	
	(146.331)	(13.112)	(7.214)	(-80.272)	(-99.848)	(-17.810)	(33.160)	(3.966)	

续表 2-6

时间/月	α_0	*Luc*	*Tab*	*BR*	*LnCap*	*Tra*	*RoR*	*Ind*	*MCOR*
12	166.639***	2.514***	-0.833*	-1.779***	-5.319***	-0.249***	0.169***	-0.591***	
	(445.583)	(5.701)	(-1.813)	(-221.932)	(-430.180)	(-51.963)	(139.129)	(-6.640)	

注：*、** 和 *** 分别代表在 10%、5%和 1%水平上显著；每个时间段第一行为各变量的回归系数估计值，第二行为经异方差调整后的 t 检验值。

表 2-7 股票异常收益率回归结果

时间/月	β_0	*Luc*	*Tab*	*LnCap*	*Hsl*	*P/E*	*Ind*	P_0	*Sha*
0	18.252***	0.745***	0.251***	-0.786***	-0.018***	-0.030***	0.023*	-0.094***	-0.321***
	(270.789)	(20.700)	(2.635)	(-242.244)	(-22.755)	(-110.335)	(1.851879)	(-73.140)	(-25.218)
1	0.160**	1.942***	9.103***	-0.154***	0.007***	-0.008***	-2.019***		
	(2.381)	(3.380)	(30.319)	(-16.209)	(5.620)	(-70.741)	(-12.810)		
2	30.332***	1.509***	-4.171***	-1.696***	0.020***	0.002***	2.914***		
	(79.815)	(43.579)	(-43.725)	(-92.134)	(62.063)	(8.151)	(84.365)		

续表 2-7

时间/月	β_0	*Luc*	*Tab*	*LnCap*	*Hsl*	*P/E*	*Ind*	P_0	*Sha*
3	-3. 189 ***	-0. 069 *	-0. 200	0. 100 ***	0. 018 ***	-0. 001 ***	2. 059 ***		
	(-15. 936)	(-1. 746)	(-0. 826)	(9. 078)	(61. 694)	(-11. 908)	(56. 209)		
4	5. 286 ***	0. 559 ***	-3. 436 ***	-0. 316 ***	0. 012 ***	-0. 001 ***	-0. 597 ***		
	(19. 795)	(3. 648)	(-69. 532)	(-23. 191)	(20. 710)	(-2. 753)	(-6. 224)		
5	5. 617 ***	0. 952 ***	-1. 605 ***	-0. 326 ***	0. 012 ***	-0. 001 ***	-0. 057		
	(14. 189)	(9. 796)	(-7. 509)	(-15. 820)	(22. 978)	(-4. 838)	(-1. 220)		
6	1. 543 ***	1. 525 ***	-2. 379 ***	-0. 100 ***	0. 014 ***	-0. 001 ***	0. 384 ***		
	(9. 231)	(21. 801)	(-14. 723)	(-12. 383)	(32. 835)	(-6. 440)	(5. 035)		
7	-1. 590 ***	-1. 087 ***	-1. 794 ***	0. 054 ***	0. 0125 ***	-0. 001 ***	1. 440 ***		
	(-4. 716)	(-8. 014)	(-7. 731)	(3. 139)	(63. 637)	(-11. 284)	(39. 446)		

续表 2-7

时间/月	β_0	*Luc*	*Tab*	*LnCap*	*Hsl*	*P/E*	*Ind*	P_0	*Sha*
8	-3.159***	-1.295***	-0.325***	0.133***	0.007***	-0.001***	0.386***		
	(-55.878)	(-41.184)	(-20.931)	(46.368)	(33.378)	(-15.041)	(36.284)		
9	-2.650***	-0.310*	3.462***	0.106***	0.008***	-0.0004***	-0.553***		
	(-15.911)	(-1.922)	(49.584)	(12.119)	(32.390)	(-22.144)	(-33.671)		
10	-6.546***	-0.861***	-4.266***	0.348***	0.009***	-0.002***	0.003		
	(-44.137)	(-17.271)	(-21.684)	(46.343)	(15.816)	(-13.091)	(0.161)		
11	-0.239	2.040***	-0.792***	0.003	0.009***	-0.002***	-0.191***		
	(1.110)	(20.397)	(-3.261)	(0.239)	(34.739)	(-36.995)	(-26.691)		
12	11.160***	0.402***	-0.098	-0.605***	0.038***	-0.004***	-1.268***		
	(48.149)	(9.092)	(-1.275)	(-49.016)	(80.050)	(-44.382)	(-21.925)		

注：*、** 和 *** 分别代表在 10%、5%和 1%水平上显著；每个时间段第一行为各变量的系数，第二行括号内为经异方差调整后的 t 值。

由表 2-6 可知：(1) 上市首日各指标系数均通过了 t 检验，拟合度较高，且符号通过经济理论的验证，表明在首日回归结果具有稳定性。文字哑变量的系数具有统计显著性，并且吉祥变量和忌讳变量的系数分别为正和负，表明文字偏好是影响股票上市首日市盈率的显著因素，含有吉祥文字的股票名称对上市首日市盈率具有正向促进作用，而包含忌讳文字的股票名称对市盈率具有抑制作用。(2) 其余 12 个月，各指标系数大部分通过了 t 检验。吉祥文字哑变量的系数全部为正值，且均通过显著性检验；忌讳文字哑变量中除 6 月、11 月外均为负值，t 检验除 9 月份不显著外，其余各月均在 10%以上的显著性水平上显著。这一结果表明，文字偏好在考虑其他影响股票市盈率的重要因素影响后，其对股票市盈率的变化仍然具有显著影响。吉祥文字和忌讳文字对股票市盈率分别有正向和负向的显著影响，且这一影响长达至少一年的时间。

表 2-7 为股票异常收益率的回归结果，各时期的结果表明：(1) 系数在大部分月份均报告了统计显著性，且回归结果稳定，具有可信度。(2) 两组文字股票组合对上市首日的收益率有显著的正向影响，这与我们前面数据描述的结果一致；其余时间段中，除忌讳文字股票组合的 3 月、12 月未通过显著性检验外，文字变量均是影响收益率变化的显著因素。

综合以上结果可知：(1) 在上市首日，文字哑变量对于股票的市盈率以及异常收益率的影响都是显著的。这一现象表明，人们对刚上市的股票名称具有选择偏好。人们更愿意购买股票名称中含有吉祥文字的股票，而对股票名称中包含忌讳文字的股票则相对热情较低，具体表现为：上市首日的市盈率回归中，吉祥文字股票对市盈率具有正向的影响，而忌讳文字股票则对市盈率产生了负面影响。更进一步，虽然吉祥文字和忌讳文字对上市首日股票的收益率都具有显著的正向影响（这与中国股市历来存在的高 IPO 溢价有关），但吉祥文字的影响程度（0.745）显然大于忌讳文字（0.251）。(2) 在上市后的时间段中，吉祥文字和忌讳文字对股票的市盈率分别有正向和负向的显著影响；对于收益率，由于变动原因相对复杂，出现个别时期影响方向的短暂背离，但是我们也发现，这种背离又会迅速地调整到一种相对稳定的状态，即吉祥文字和忌讳文字对股票收益率分别有正向和负向的影响，并且回归结果的 t 值表现出了长期稳定性。这种结果表明，人们对吉祥文字股票的选择偏好和对忌讳文字股票的规避一直存在，也证明了在众多影响股市运行的因素中，文字偏好是能够影响股票市场行为的显著因素，即前面根据文字划分的各组股票表现确实能够由文字偏好来解释。

2.3.4 实证结果分析

由于心理因素和传统文化对资本市场异象解释能力的增强，它们越来越多地受到学者和投资分析师的重视。本小节主要从投资者对市场风险、新上市股票的态度以及中国传统汉字文化对投资市场的影响出发，以投资者非逻辑、非理性等行为导致的市场表现为切入点，研究了中国资本市场中存在的有限理性现象。我们的实证结果显示：（1）远远超出正常水平的高换手率表明我国股市整体存在非理性行为，投资者更加倾向于根据自身主观判断进行短期操作，存在较大投机性。（2）中国股市投资者并非完全的风险规避，有效市场假说所强调的风险厌恶只适用于投资者面对盈利状态的情况；在面对亏损状态时，投资者会由于害怕失去财富而期待未来的获利，从而表现出高风险承受力，即风险偏好的特征。（3）新股首日异常收益率奇高，存在热炒新股的现象。虽然该现象与发行抑价有一定关系，但是在我国 1999 年采用累计投标定价导致发行价猛涨的情况下，初始异常收益依然暴涨，这就说明初始收益过高很大程度上是由于新股上市价格被严重高估所导致的，后市存在非理性行为，即对新股的盲目推崇。此外，政策和政治因素也是助推热炒新股现象的很重要原因。（4）吉祥文字股票价格贵、收益高。通过实证我们得出，随着上市时间的延长，吉祥文字股票组合与非吉祥文字股票组合市盈率的差值虽然有减小的趋势，但在所考察的 12 个月内该差值始终大于零；吉祥和忌讳文字股票组合的异常收益率在开盘首日分别为各自组合的最小值和最大值，但随着时间的推移，吉祥文字组合股票的累计异常收益率逐渐增加，而忌讳文字组合股票的异常收益则逐渐消失。进一步，吉祥文字股票组合与非吉祥文字股票组合的累计异常收益率差值始终大于零，通过控制其他变量进行的回归分析也证实了这一结论。

本节对中国股市非理性行为的讨论不仅证明了 AMH 理论存在的意义，丰富了金融理论的研究，更有助于投资者和监管部门认识我国股市运行规律、制定投资策略及进行相关管理。首先，个体投资者作为市场情绪下的“奴隶”，无法改变整体运行趋势，因此选择顺势而为才能在价格偏差中获取利润；非理性行为导致价格与实际价值的偏离，并会随投资者的跟进而逐步扩大，但这种偏离最终又会随价格的回归而逐渐消失，因此可以根据自己的投资目标选择合适的买卖时间点。其次，对于机构投资者，一是凭借对市场走势的影响以及对个体投资者行为反应的预见性，采用反向投资策略，也可以发挥其专业化优势，深入分析公司基本信息，从而避免行为因素的影响，注重股票实际价值的投资。最后，由于监管部门的职责是维持市场持续、健康发展，则应针对这种价格异象发挥稳定市场的作用，既应该加强对中小投资者的教育，让其学习和接受股市非理性行为的存在，宣传价值投资理念；又要加强对机构投资者的监管，控制他们对市场价格异象的过度反应，引导机构投资者成为市场稳定发展的重要力量。

3 中国股票市场的适应性市场假说特征研究

3.1 适应性市场假说

3.1.1 适应性市场假说的基本界定

21世纪初期，以 Lo（2002，2004）和 Farmer（1999，2002）为代表的一些学者基于 EMH 与行为金融理论之间的分歧与争论，借鉴生物进化论的思想，从适应演化的角度提出了适应性市场假说（adaptive markets hypothesis，AMH）。该假说并不否认 EMH 的分析模式及其所强调的理性参与者前提，同时引入达尔文的生物进化理论，强调理性是一个相对概念，是与外部环境相关联和不断变化的理性，参与者的行为会由于环境的改变而显示出非理性，又会由于不断适应环境而使非理性逐渐消失。

目前，学术界一般以 Lo（2004）对适应性市场假说的概念及基础理论阐述作为适应性市场假说建立的标志。Lo 的观点认为金融市场的参与者如生物圈的物种，处于不断进化的过程，而进化依赖于“自然选择”，能够生存下来的“市场有效”是其唯一目标。基于 Lo 的思想，适应性市场假说主要观点如下：参与者并非处处理性，而是逐渐适应市场的变化，市场有效并不稳定；风险和收益之间的关系是动态、不稳定的，风险溢价具有时变性，并与所处的环境有关；与 EMH 相比，在 AMH 假说下，套利机会是存在的，进化过程不断地导致旧机会消失、新机会出现；投资策略会随环境的变化表现得时好时坏，具有时变性；生存是参与者的唯一目标，而不断变革则是生存的关键。Lo（2005，2012）本人随后也对 AMH 理论进行了更详尽的分析，他指出 AMH 能够形成一种新的市场格局，尽管现在还未能像 EMH 理论一样完善，但是 AMH 覆盖面广泛，不仅能够解释 EMH 和行为金融理论框架下的市场现象，还能够对市场参与者由理性到非理性再回归理性的周而复始现象进行解释。

3.1.2 适应性市场假说与现有理论的关系探讨

3.1.2.1 有效市场假说与行为金融理论

A 有效市场假说

根据 Fama（1970）的观点，如果金融市场中的价格反映了所有存在的信息，则称之为有效市场。因此，有效市场的前提假设为市场参与者是完全理性的，价格能够根据相关信息自由的变动，并且信息披露是均匀的，所有投资者能够在同一时间获得同样的信息。这意味着我们通常所推崇的技术分析是无效的，投资者无法根据历史价格分析获得额外收益。

Fama（1970）将有效市场分为三个层面，强势、半强势和弱势，其中强势有效市场假说是限定条件最严格的一种市场，该类市场认为价格是所有信息的体现者，包括已公开的或内部未公开的信息，此情况投资者无法获取任何额外收益；半强势有效市场认为价格包含全部公开的信息，既包括历史价格，也包含上市公司财务指标等，在此市场中，市场参与者想要获取额外收益，只能通过内部渠道获取未公开信息来实现；弱势有效市场是指证券市场价格包含了证券价格历史所能提供的信息，比如价、量以及卖空情况等，在此类市场中，投资者想要获取额外收益，可以采取分析基本面的方式。这三类不断弱化的市场表明，当投资者为理性时，投资者能够理性判断证券价值，市场有效；在有些投资者非理性的情况下，由于交易的随机性，并不会造成系统的价格偏差；由于市场上存在理性的投资者，他们能够寻找合适的机会进行套期保值，因此即使存在非随机的非理性参与者，也能够促使价格逐渐回归基本价值；此外，投资者的理性决策会导致其在并不能代表资产价值的价位成交，因此会降低投资者的总财富值，从而迫使其离开市场。

B 行为金融理论

行为金融是一门结合了心理学、金融学、社会学和投资决策理论的学科，其主要目的是为了解释金融市场中出现的那些无法用传统金融理论进行解释的异常现象，剖析投资决策系统性偏差的成因（Fuller，2000），但是至今并没有一种统一的定义和说法。整体而言，行为金融认为证券价格并非完全由内在价值决定，更受到投资者主观心理、行为的影响。Kahneman 和 Tverskv（1979）提出的“展望理论”为行为金融的代表学说，即人们所处的参考点不同，则会有不一样的风险态度，人们的决策选择不取决于结果，而是展望预期与结果的差距。Shefrin（2000）对行为金融学进行了阐述，并将其研究分为三个主要的板块：（1）启发式偏差（heuristic-driven bias），当市场参与者面对复杂、不确定事物时，会依赖对过去经验的分析做出判断，这种捷径有两种后果，一种是做出了正确、有效的判断，另一种为判断偏误；（2）框定依赖（framing dependence），当人们面对不同形式的相同问题时，会有不同的感观和决策，Kahneman 和 Tversky（1984）也在实验中证明人们通常更倾向于使用熟知的捷径来处理所面对的复杂问题；（3）市场无效（inefficient markets），即市场参与者并非全部为信息交易者，而是大部分局限于有限的信息量以及信息识别能力而表现为噪音交易者。行为金融学研究主要是对市场异常现象进行分析以及归纳异象形成的原因，已有研究认为市场参与者所具有的过度自信心理、损失规避心理、从众心理以及后悔心理是主要原因，其研究思路是倒推法，即通过分析市场异象，反向还原出市场参与者所持的心理和情绪，进而解释市场异常现象。

3.1.2.2 三种理论的区别与联系

AMH 认为，EMH 并不是错误的理论，只是不够完备，市场在大部分时间运行良好，但在某些时候会因为可以理解和能够预期的原因而表现异常；行为金融理论尽管弥补了 EMH 理论在很多方面的不足，能够对金融市场的众多异象给出合理的解释，但是这更像是一个异象的“集合体”，而非真正的理论。因此，AMH 理论的独特之处在于：

（1）市场是适应性有效的。由于信息来源有限，并处于不断变化过程中，人类接受和学习新事物的能力也受到限制。AMH 认为，人们的理性是一个处于不断变化中的概念，是与外部环境不断调试过程中的理性。因此，这种“理性”下的决策并不会使市场价格完全反映出已存在的所有信息，当人们的认识与决策环境相一致的一段时期，市场表现为相对较高的有效性；而环境发生变化，人们认识与决策环境出现偏差的一段时期，市场为无效。这种市场效率的渐进性、不稳定性、相对性和阶段性，正是 AMH 理论所强调的市场特征。

（2）市场环境的改变，是使市场参与者产生趋于一致行为反应的原因。AMH 理论认为，人们的行为是由多样化的决策系统组成的复杂综合体，而符合逻辑的解释方式只能是其中的一种，一种理论的成立需要对其他复杂的思想有足够吸引力，并且能够将其思想纳入到自己的分析框架中。因此，AMH 并未关注某一具体的行为表现，而是注重在市场条件变化下，人们更倾向于做出怎样的行为反应和思维模式；相对于理性和非理性，用投资者是否具有较强的理解能力、远见、有竞争性，进而是否能够与经济现实很好地适应可能更符合实际情况。人们之所以产生“行色各异”的行为偏差，是由于在与周围经济、文化、市场、政策等环境相适应过程中认识出现差异所导致的，具有较强适应性的参与者更容易获得额外收益，而后在效仿和学习中，市场决策趋于一致。

（3）“满意的决策”是在特定市场环境下自然选择的结果。行为金融理论以 Simon 的“有限理性”为前提假设，按照“有限理性”学说，市场参与者不可能获得最优决策，而只能选择“最满意决策”。那么，让人们停止继续选择的满意决策如何确定？如果通常以平均价值收益来确定，则追求满意决策的行为就是无意义的。按照 AMH 的观点，这类满意决策的合理点并非靠分析得到，而是不断实验、试错和自然选择的结果，人们通过以往的经验和猜测做出选择，然后通过接受结果中的正强化或负强化影响进行学习，以这种方式，最终获得的稳定决策即为能够被接受的最理想决策。

AMH 将原本冲突的 EMH 和行为金融理论相结合，既弥补了 EMH 在实证分析中的不足，又解决了行为金融理论体系欠缺的弊端。根据 AMH 的观点，市场有效与市场无效是证券市场中适应性行为的具体表现，当投资者的投资决策与投资环境相适应时，市场就表现为有效；当投资者的投资决策与投资环境不相适应时，市场就会出现行为偏差，表现为无效。而这种行为的持续性与否依赖于适应演化的过程，EMH 和行为金融理论恰好分别对应于这两种表现。适应性市场假说的提出，化解了 EMH 与行为金融理论的分歧，使得对金融市场的分析能够在一个统一的理论框架下进行。

3.1.3 适应性市场的检验准则

从已有研究文献来看，从实证分析角度进行的研究大部分集中在市场有效性的验证方面，部分研究针对投资策略和收益的变化特征，得出的结论也均与 AMH 的观点一致。但需要指出的是，在 AMH 框架下，首先对所处环境影响股市表现的研究很少，只在 Kim 等（2011）的文章中有所涉及；其次，尚未见到对收益与风险动态关系的讨论，特别是还没有见到针对中国股市的相关研究。基于此，下面对中国股市的适应性特征进行实证分析，市场适应性的检验主要从以下几个方面进行：（1）市场有效与否及其稳定性；（2）收益与风险关系的稳定性；（3）风险溢价及股市可测性与所处环境的关系。

3.1.4 适应性市场假说对金融研究的重要意义

自1970年芝加哥大学教授Fama（1970）提出有效市场假说（efficient market hypothesis，EMH）以来，EMH理论就以其严谨的理论体系和实证模型成为现代金融研究的基石。但面对20世纪80年代以来发现的众多金融市场异象，有效市场理论却无法给出合理的解释。因此，很多学者开始从金融市场参与者的行为心理角度去寻求解释方案，从而形成了一支与EMH相对应的“行为金融学派”(behavior finance)。在2002年，诺贝尔经济学奖也授予了为行为金融理论做出开创性贡献的Kahneman和Tversky教授。可是发展至今，由于未能形成其特有的理论体系以及统一的分析模式，行为金融理论始终无法取代EMH在金融领域的核心地位。21世纪初期，以Lo（2002，2004）和Farmer（1999，2002）为代表的一些学者基于EMH与行为金融理论之间的分歧与争论，借鉴生物进化论的思想，从适应演化的角度提出了适应性市场假说（adaptive markets hypothesis，AMH）。该假说并不否认EMH的分析模式及其所强调的理性参与者前提，同时引入达尔文的生物进化理论，强调理性是一个相对概念，是与外部环境相关联和不断变化的理性，参与者的行为会由于环境的改变而显示出非理性，又会由于不断适应环境而使非理性逐渐消失。

中国股市作为迅速发展的新兴市场，其未来的发展前景不可限量。因此，验证AHM理论在中国股市的适用性对其普遍适用性的证明至关重要。同时，对适应性市场的相关研究工作有助于进一步发现新兴市场的AMH证据，为AHM理论体系的完善提供有力的事实依据；此外，从实证依据的角度有助于制定中国股票市场的风险管理决策。

3.2 我国沪深股市的适应性特征分析

3.2.1 检验模型与方法

3.2.1.1 市场有效性的检验模型

对市场有效性所持的不同观点是EMH与AMH的本质区别，AMH认为市场有效并非时时存在。因此，我们首先从检验市场有效与否及其稳定性入手来验证AMH理论。股市有效性是指股价对信息的反映程度，在弱势有效市场中，投资者无法根据历史信息判断估值错误的股票，股价变动与历史数据相互独立，股价波动无法预测；从统计学的角度来讲，即价格序列服从随机游走过程。因此，检验市场有效与否，可以通过研究价格序列的自相关性或者记忆性来实现，即股价变动是否具有某种趋势，能否根据过去的价格波动对未来进行预测。此外，由于证券价格均是在前期价格的基础上增加或减少，为避免这一现象对结果的影响，在实证过程中采用收益率序列代替价格指标。为了得出更稳健的结果，本节同时采用衡量序列相关性的自动方差比检验（automatic variance ratio test）和自动混合检验（automatic portmanteau test）以及估计序列长记忆性的局部 Whittle（local Whittle estimation）估计方法。

A 自动方差比检验模型

方差比检验（VR）是一种要求相对宽泛、使用较普遍（Huang，1995；Chang 和 Ting，2000；Smith，2007；Hung 等，2009；张兵和李晓明，2003；刘剑锋和蒋瑞波，2010）的检验方法，由 Lo 和 Mockinlay（1988）首先提出。由于该方法对数据要求相对宽松，允许数据存在异方差，并且不具体要求随机扰动项的分布情况，因此被广泛应用。根据 Lo 和 Mockinlay（1988）的思想，滞后 q 阶的方差比可表示为：

$$VR(q) = 1 + 2\sum_{j=1}^{q-1}\left(1 - \frac{j}{q}\right)\hat{\rho}_j \tag{3-1}$$

式中，$\hat{\rho}_j$ 为对数价格一阶差分的第 j 阶自相关系数，$\hat{\rho}_j = \frac{\sum_{t=j}^{n}(p_t - p_{t-1} - \hat{\mu})(p_{t-j+1} - p_{t-j} - \hat{\mu})}{\sum_{t=1}^{n}(p_t - p_{t-1} - \hat{\mu})^2}$，即对数收益的第 j 阶自相关系数；p_k 为 k 期的对数价格；$\hat{\mu}$ 为对数价格一阶差分的均值，$\hat{\mu} = \frac{1}{n}\sum_{k=1}^{n}(p_k - p_{k-1})$；$VR(q)$ 趋近于 1 时，价格相关性渐弱，市场有效；$VR(q)$ 大于 1 或小于 1 时，分别代表价格之间正、负相关，市场有效性不成立。

在此基础上，Choi（1999）提出了一种由数据相关性来确定最佳滞后阶数 q 的方法——自动方差比检验（automatic variance ratio test），并被广泛应用（Kim，2009；Kim 等，2011；Ghazani 等，2014；Rahman 等，2015）。根据 Choi（1999）的研究，我们选择自动方差比检验的统计量为：

$$AVR = \sqrt{n/q}\,[VR(q) - 1]/\sqrt{2} \sim N(0,\ 1) \tag{3-2}$$

其中，原假设 H_0: $\hat{\rho}_j$ 对于所有的 j 为 0，收益序列无自相关性，即市场有效；H_1：至少存在一个 j 使得 $\hat{\rho}_j$ 不为 0，则拒绝市场有效的原假设。

B 自动混合检验模型

当收益率序列 R_t 服从某种未知形式的条件异方差时，Lobato 等（2001）提出了一种具有稳定性的混合检验统计量，形式如下：

$$Q_p^* = n\sum_{i=1}^{p}\tilde{\rho}_i^2 \tag{3-3}$$

其中，

$$\tilde{\rho}_i^2 = \hat{\gamma}_i^2/\hat{\gamma}_0^2 \tag{3-4}$$

$$\hat{\gamma}_i = \frac{1}{n-i}\sum_{t=i+1}^{n}(R_t - \overline{R})(R_{t-1} - \overline{R}) \tag{3-5}$$

$$\overline{R} = \frac{1}{n}\sum_{t=1}^{n}R_t \tag{3-6}$$

随后的研究中，Escanciano 和 Lobato（2009）提出了一种由数据依赖的方式决定最佳 q 值的自动检测方法——自动混合检验（automatic portmanteau test）（Kim 等，2011；Ghazani 等，2014），该方法统计量形式如下：

$$AQ = Q_{\tilde{p}}^* = n\sum_{i=1}^{\tilde{p}}\hat{\rho}_i^2 \tag{3-7}$$

式中，$\tilde{p}$ 为根据赤池信息准则和贝叶斯信息标准确定的一种折中的最优滞后阶数；$\hat{\rho}_i^2$ 为对于存在异方差性的时间序列检验具有较强的稳健性，$\hat{\rho}_i^2 = \hat{\gamma}_i^2/\tau_i$；$\tau_i$ 为股票收益平方序列的自协方差，其计算公式为：$\tau_i = \frac{1}{n-i}\sum_{t=i+1}^{n}(R_t - \overline{R})^2(R_{t-1} - \overline{R})^2$。

AQ 统计量渐进服从自由度为 1 的卡方分布，若 AQ 统计量大于临界值，则会拒绝收益率序列无自相关的原假设。

C 局部 Whittle 估计

研究中经常以分数阶积分参数（fractional differencing parameter）d 来衡量序列的长记忆性，而标准分数阶积分模型 $I(d)$ 为：

$$\Delta^d x_t = (1-L)^d x_t = u_t \tag{3-8}$$

式中，L 为滞后因子；u_t 为一个 $I(0)$ 过程。

当 $d<0$ 时，表明时间序列是反持久性的（anti-persistence），即下一期的走势与当期走势方向相反的可能较大；当 $d>0$ 时，表明时间序列具有长程相关性或具有长记忆性，即下一期走势与当期走势方向相同的可能较大；当 $d=0$ 时，则说明序列是随机的，没有长期相关性，序列趋势不稳定。

Robinson（1995）提出局部 Whittle（local Whittle，LW）估计量，长记忆参数 d 可由下式估算：

$$\hat{d}=\operatorname{argmin}_d\left(\lg\overline{C(d)}-2d/m\sum_{s=1}^{m}\lg\lambda_s\right)\tag{3-9}$$

其中，$\overline{C(d)}=1/m\sum_{s=1}^{m}I(\lambda_s)\lambda_s^{2d}$，$\lambda_s=2\pi s/T$，为频率。当 $T\to\infty$ 时，带宽 m 满足 $1/m+m/T\to 0$。$I_x(\lambda_s)$ 为时间序列 x_t 的周期图（periodogram），可以表示为：

$$I_x(\lambda_s)=\frac{1}{2\pi s}\left|\sum_{t=1}^{T}x_t e^{i\lambda_s t}\right|^2\tag{3-10}$$

Robinson（1995）通过设置一些假定条件，证明存在如下渐进关系：

$$\sqrt{m}(\hat{d}_{LW}-d_0)\to_d N(0,\ 1/4)\qquad T\to\infty\tag{3-11}$$

式中，d_0 为 d 的真实值。

3.2.1.2 收益与风险关系的检验模型

收益与风险的关系一直是传统金融理论研究的基础，一般用收益的方差来衡量风险的大小。由于 GARCH-M 模型在均值方程中引入了条件方差项，既能够很好地描述收益与风险的关系，也能体现 AMH 所强调的动态性。因此，下面采用 GARCH-M 模型来验证中国股市收益与风险的时变关系。

GARCH-M 模型的均值方程为（Engle 等，1987）：

$$R_t=\mu+\lambda\sigma_t^2+\varepsilon_t\tag{3-12}$$

$$\begin{gathered}[\varepsilon_t]\,|\Omega_{t-1}\sim N(0,\ \sigma_t^2)\\ \sigma_t^2=c+a\varepsilon_{t-1}^2+\beta\sigma_{t-1}^2\end{gathered}\tag{3-13}$$

式中，R_t 为金融资产的收益率；ε_t 为残差；σ_t^2 为收益的条件方差；Ω_{t-1} 为 $t-1$ 期的信息集；λ 为收益和风险的相互关系，$\lambda>0$、$\lambda=0$ 或 $\lambda<0$ 分别代表收益与风险成正相关、不相关和负相关关系。

这里，我们要证明的是 λ 具有随时间不断调整的特性，即 λ 在不同的市场状况下，具有明显的时变特征。

此外，GARCH 模型将方差看成是前期收益新息平方的函数，如果条件稍加改变会对结果产生影响。进一步，为了增强实证结论的稳健性，我们将条件方差的设定形式做一些拓展，分别考虑 IGARCH、GJR、APARCH 模型，并将条件方差项加入到各模型的均值方程中，从而得到 IGARCH-M、GJR-M 和 APARCH-M 模型。各模型的条件方差如下：

IGARCH-M 模型：

$$\sigma_t^2 = c + a\varepsilon_{t-1}^2 + \beta\sigma_{t-1}^2 \tag{3-14}$$

其中，参数满足 $\alpha + \beta = 1$，保证了过去波动及收益新息的平方对方差影响的持久性。

GJR-M 模型：

$$\sigma_t^2 = \omega + [\alpha + \gamma I(\varepsilon_{t-1} < 0)]\varepsilon_{t-1}^2 + \beta\sigma_{t-1}^2 \tag{3-15}$$

其中，$I(.)$ 是一个指示函数（indicator function），即当（ ）中的条件成立时，其取值为 1，否则取值为 0，用来衡量收益新息正负对方差的不同影响；当 $\gamma \neq 0$ 时，外部消息对方差的影响是不对称的，称之为波动的杠杆效应（Volatility leverage effect）。

APARCH-M 模型：

$$\sigma_t = [\omega + \alpha(|\varepsilon_{t-1}| - \gamma\varepsilon_{t-1})^\delta + \beta\sigma_{t-1}^\delta]^{1/\delta} \tag{3-16}$$

其中，$\delta > 0$，起着将 σ_t 进行 Box-Cox 变换的作用，此模型是 GARCH、GJR 模型的一般化形式。

3.2.2 数据说明

本小节选取上证综合指数和深证成份指数的周和月度收盘价为样本，样本区间开始日期分别为 1990 年 12 月 19 日和 1991 年 4 月 3 日，截至 2013 年 10 月 31 日，数据来源于招商证券系统。

记 $I_{1,t}$ 表示上证综合指数第 t 期的收盘价，$I_{2,t}$ 表示深证成份指数第 t 期的收盘价，则上证综合指数收益率 $R_{1,t}$ 和深证成份指数收益率 $R_{2,t}$ 计算如下：

$$\begin{aligned} R_{1,t} &= 100 \times (\ln I_{1,t} - \ln I_{1,t-1}) \\ R_{2,t} &= 100 \times (\ln I_{2,t} - \ln I_{2,t-1}) \end{aligned} \tag{3-17}$$

3.2.3 股市收益的适应性特征检验

3.2.3.1 中国股市收益的有效性

本节利用3.2.1.1介绍的三种方法，对中国股市的周和月度收益序列分别进行了估计，并采用固定样本长度的滚动时间窗估计方法。具体步骤如下：保持估计样本长度不变，连续向后滚动1个样本，每滚动1次，则重新估计模型参数。其中，对月度数据分别选择了3~6年的估计样本长度，周数据分别选择了1~4年的估计样本长度。各种样本长度下的结果类似，为了简便起见，我们列出月度数据6年、周数据3年的结果如图3-1所示。

图3-1为上证综指和深证成指收益数据的*AVR*统计量、*AQ*统计量以及长记忆参数*d*值的滚动时间窗估计结果，图中*AVR*统计量和*AQ*统计量的虚线代表在5%显著性水平上的临界值。由图3-1可以看出，对于上证综指和深证成指，各样本统计量和*d*值随时间不断波动，并且两个市场的*AVR*统计量和*AQ*统计量均在2007~2010年，超出了95%的临界水平线之外，*d*值也在此区间远大于0，表明在此时段中收益序列具有自相关性和长记忆性，市场无效，而在这段时间里美

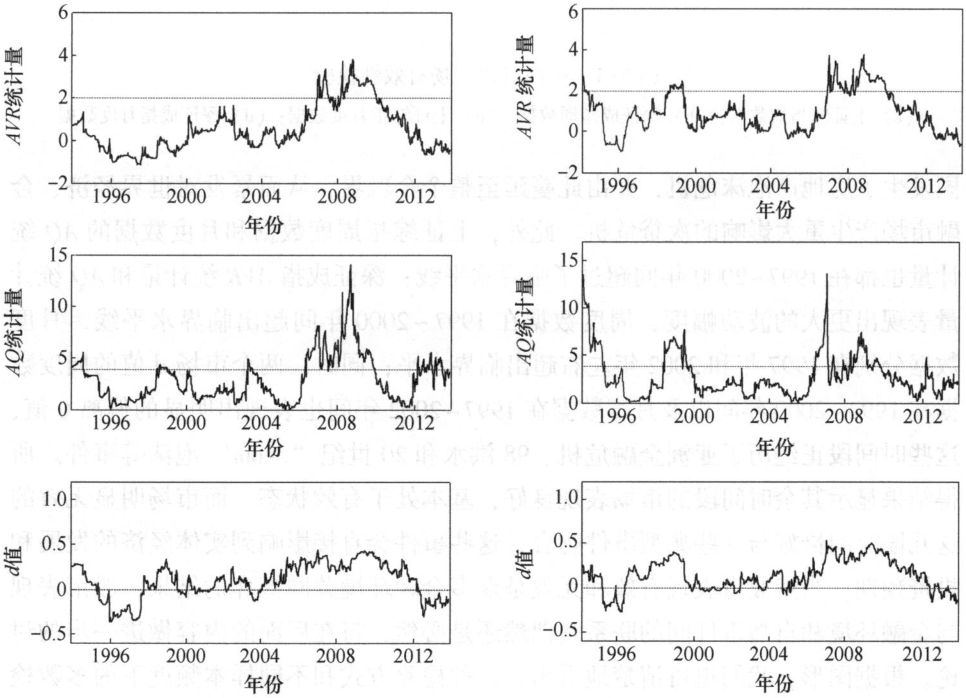

(a) (b)

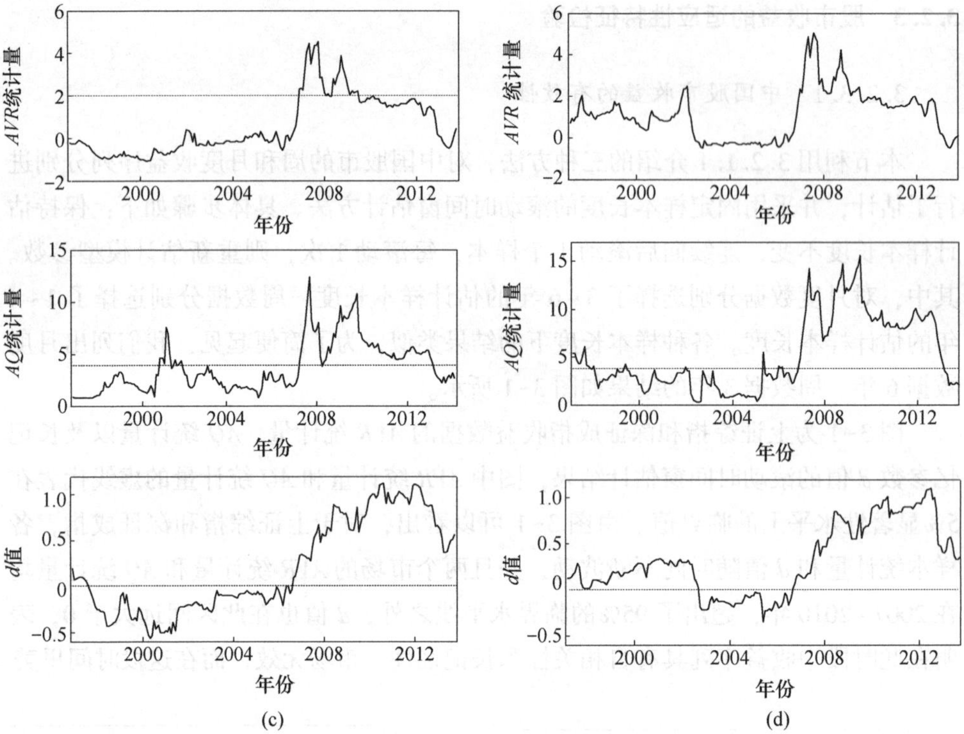

图 3-1　中国股票市场有效性检验

（a）上证综指周数据；（b）深证成指周数据；（c）上证综指月度数据；（d）深证成指月度数据

国发生了房地产泡沫危机，并由此蔓延至整个金融界，从而暴发对世界经济、金融市场产生重大影响的次贷危机。此外，上证综指周度数据和月度数据的 *AQ* 统计量也都在 1997~2000 年间超过了临界水平线；深证成指 *AVR* 统计量和 *AQ* 统计量表现出更大的波动幅度，周度数据在 1997~2000 年间超出临界水平线，月度数据分别在 1997 年和 2002 年左右超出临界水平；同时，两个市场 *d* 值的周度数据在 1997~2000 年间以及月度数据在 1997~2002 年间也表现出明显的偏离 0 值；这些时间段正经历了亚洲金融危机、98 洪水和 20 世纪“.com”泡沫等事件。所得结果显示其余时间段的市场表现良好，基本处于有效状态，而市场明显无效的这几段时间恰好与一些典型事件吻合，这些事件会直接影响到实体经济的发展和投资预期。当然股市表现有效和无效是众多金融环境共同博弈的结果，股市表现与金融环境和自然事件间的联系是偶然还是必然，将在后面的内容做进一步的讨论。根据图形，我们也可清楚地看出，三种检验方式和不同样本频度下的多数检验值均得到了基本一致的结论，因此我们的实证结果是稳健的。

股市有效性指标在所考察区间是不稳定的，按照 Kim（2011）的思想，若市场在我们所考察的整个时期是有效的，则检验统计量超过 95%临界值的比率应低于 5%。因此，若想验证 AMH 的假设，则此比率要高于 5%。我们以月度数据 *AVR* 统计量为例，得到的结果是上证综指为 16.2%、深证成指为 18.5%，因此支持 AMH 理论，我国股市的有效性并不稳定，具有一定的时变特征。

根据已有研究文献，市场有效的前提假设是资产原本应该有一个合理的价格，但问题是合理的价格应该是多少？在理论和实证分析中，也只是依据观察经验，结合过去时间段中成熟市场的估值得出的。市场作为反映相关信息的一种机制，体现了诸如制度安排、风险偏好、价值取向、宏观环境、经营状况等，但是因为市场反映的信息繁复庞杂，人们是没有能力穷尽其中甚至是主要的部分，真正的合理价格也无从得知。我国股市价格形成采取的为指令驱动型作价机制，即集合竞价形成股市开盘价，随后交易系统对不断进入的投资者交易指令按价格优先和时间优先原则排序，将买卖指令配对竞价成交。由于投资者可以自由选择是否参与股票交易以及股票的委托价格，因此市场的交易价格几乎完全取决于市场参与的供需双方，而投资者在决策过程中往往是依据已认识到的主要信息以及历史经验做出判断，是一种主动投资行为，也进一步导致了市场无效性，正如本小节实证结果中几段比较明显的市场无效区间。随着股市的发展，人们对环境也开始不断适应，掌握的信息不断丰富，交易双方的报价会逐渐趋近于合理价格，一直到新信息的出现，市场环境发生调整，如此循环往复，形成了一种特殊的市场效率形成机制。

3.2.3.2 中国股市收益与风险的关系

传统金融理论认为投资者是风险规避的，风险与收益正相关，即对于理性投资者而言，高风险的投资要求有高回报，反之亦然。而 Lo（2004）认为风险和收益之间具有相关性，但这种关系并不稳定，具有时变性。

由于我们考察的问题是收益与风险关系的时变性，要考察不同样本区间的 λ 值，因此我们采用 GAECH-M 族模型对上证综指和深证成指的周数据进行了等样本长度的滚动时间窗估计。我们分别选取 1~4 年的估计样本长度，因为各样本长度下的结果类似，为了简便起见以及更清晰地展示 λ 值的变化趋势，只给出样本长度为 2 年的结果如图 3-2 所示，表 3-1 则是时变 λ 的描述性统计。

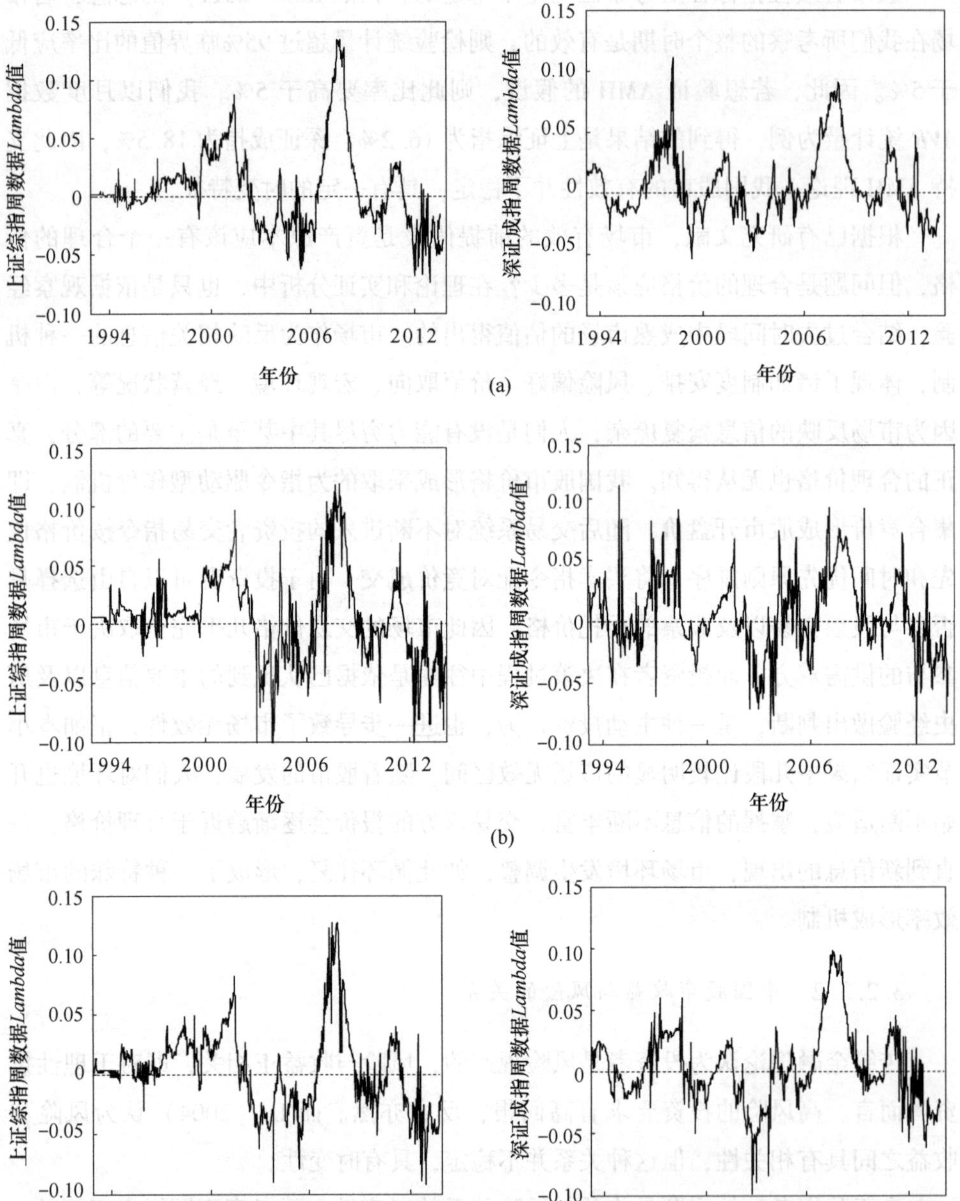

图 3-2 中国股市收益与风险的相关系数

（a）GARCH-M 模型；（b）IGARCH-M 模型；（c）GJR-M 模型

表 3-1　沪深股市周数据的 GARCH-M 参数 λ 值描述性统计

项目	模型	均值	标准差	最大值	最小值	偏度	峰度	J-B
上证综指	GARCH-M	0.006	0.036	0.134	-0.074	1.138***	1.984***	398.486***
	IGARCH-M	0.006	0.036	0.119	-0.109	0.252***	0.736***	34.729***
	GJR-M	0.004	0.034	0.127	-0.092	0.706***	1.344***	166.054***
深证成指	GARCH-M	0.005	0.027	0.111	-0.053	0.913***	0.812***	172.146***
	IGARCH-M	0.004	0.031	0.110	-0.099	0.135**	0.112	46.773***
	GJR-M	0.003	0.030	0.098	-0.099	0.616***	1.053***	113.109***

注：*、** 和 *** 分别代表在 10%、5%和 1%水平上显著，其中 J-B 为 Jarque-Bera 统计量。

由表 3-1 可知，两个市场 λ 的均值为正，说明整体来讲风险和收益呈正相关，市场参与者属于风险规避型；标准差以及最大值和最小值的差距表明 λ 有很大的波动幅度；偏度、峰度指标以及 J-B 统计量表明 λ 序列存在明显“尖峰胖肥”特征，且不服从正态分布。根据图 3-2 则可以很直观地看出，在考察区间，各种模型假定下两个市场收益与风险的关系均不稳定，正值出现的概率大于负值且波动剧烈，说明在我国股市中风险与收益的关系具有明显的时变特征。

对股市收益和风险关系的阐述最常见的是风险——收益权衡效应，该理论认为投资者在进行某项投资时是需要给予补偿的，投资者的正常心理是在风险和收益分别既定的情况下追求收益高、风险小的投资对象，因此收益和风险为正向关系。该理论的前提是投资者具有理性心理，但实际市场的参与者并非全部如此，或者市场参与者对不同环境下的风险态度并不相同，即存在处置效应，当投资者处于收益状态时，表现出对风险的规避，λ 值为正；而当投资者处于亏损状态时，则会继续持有手中的资产，以等待合适的获利机会，表现出风险偏好，λ 为负。从心理学的角度分析，这源于投资者为避免后悔的非理性心理，对盈利的股票，因为其存在价格下跌的风险，为避免下跌而产生的后悔心理选择卖出；而对于处于亏损的股票，若进行了止损，但后市股价回升，则会更加后悔和痛苦，因此继续持有。另外，我国股市多以散户为主，由于散户缺乏专业知识，并且心理素质差，想要迅速发家致富的愿望，使股市变成他们的淘金场所，喜欢追求高波动、盘子小的股票类型，这种表面看似高风险高收益的投资模式实际也会导致收益和风险的负向关系，因为价格波动具有集聚性，无论外部消息如何影响现有价格的波动，都会使投资者对未来波动有相应预期。当现期波动上升，则未来波动预期会上调，投资者对未来收益要求增加，则导致现期股价下跌、收益下降；当现期波动下降，则未来波动预期会下调，投资者对未来收益要求减少，则导致现期股价上升、收益上升，这种现象即为波动反馈效应理论。因此，股市风险与收益的不确定性是理性投资者与非理性投资者的博弈结果。此外，股票市场固有的不稳定性使得初入者对待风险相对理性和谨慎，要求有较高的风险溢价，表现为风险和收益的相关性很大；随着对市场整体环境的适应和了解，投资者会逐步增强对风险的承受能力，因此又会减弱这种相关程度，不断增加的新旧投资者可能对两者关系的不稳定性也起到了一定的作用。

综合各种模型的结果，股市发展初期，由于还未形成自有的发展模式，参与者多持观望态度或者借鉴国外成熟市场的理论，因此股市收益与风险的关系围绕零值波动的幅度不大；随着市场逐步发展成熟，投资者开始大量参与并逐步增强了对风险的承受能力，2001~2006年间由于整体市场的萎靡，使得风险和收益大部分时间呈负相关；之后随着股市和经济的复苏和繁荣，又使两者的关系迅速扩大，直到2008美国次贷危机，金融市场的动荡淘汰了大批风险偏好和风险中性的投资者，市场的不景气又使风险和收益的相关性下降并大部分时间为负相关。这也验证了Lo的观点，两者的时变关系是适应环境和市场选择的结果。

3.2.3.3 市场环境对股市收益的影响

A 变量数据的选取

上一小节我们验证了适应性市场的两个特性：市场有效性的时变性以及收益与风险的时变相关性。正是由于这种不确定性，才让投资者能够通过调整自己的投资策略，不断拥有新的获利机会。此外，适应性市场假说也强调市场环境的变化对股市行为的影响，因此我们针对中国的实际情况以及宏观数据的可得性，选择一些具有代表性的经济、金融和自然因素作为市场环境变量，如工业生产总值增速（*DIP*）、通货膨胀率、汇率（*EX*）、市场利率和房地产景气指数（*REI*）作为宏观经济变量的代表，金融危机（*Crisis*）、股市泡沫（*Bubble*）作为金融变量，重大灾害（*Disaster*）作为自然因素变量；选择风险溢价和收益预测指标的月度数据作为因变量，运用多元线性回归方法来考察此观点的适用性。

股票市场作为交易和配置资本的场所，是整个经济系统的重要部分，理所当然地受到整体经济水平发展的限制，并随着经济水平的发展而发展。经济繁荣时，就业和产出增加，市场供需两旺，许多上市公司业绩出现增长，股票具有投资价值，股票价格在增量资金推动下上升，大量新的企业以较低的成本上市融资；当经济不景气时，市场需求疲软，许多上市公司的生产经营出现困难，造成利润下降，甚至出现亏损，股票不具备投资价值，股票价格必然下跌。工业生产总值指的是工业增加值，是指工业企业在报告期内以货币形式表现的工业生产活动的最终成果，是工业企业全部生产活动的总成果扣除了在生产过程中消耗或转移的物质产品和劳务价值后的余额。各部门生产总值（增加值）之和便构成国内生产总值，衡量整个国民经济发展水平，但由于工业发展对我国经济的主导地位，是国民经济发展的命脉，此外考虑到数据的可得性，本小节选择工业生产总值增速（*DIP*）指标代表国民经济发展水平。此外，由于房地产行业对我国经济发展的作用非同一般，涉及的行业众多，影响面广，并且众多投资者也将其作为投资对象之一，本小节考虑了房地产行业发展与股市的关系，并选择房地产景气指数（*REI*）指标代表其发展水平。

通货膨胀表示流通中货币数量超过实际需要而导致的货币贬值和物价上涨的现象，其中通货膨胀率多采用居民消费价格指数（*CPI*）变化率数据代表，记为*DCPI*。*CPI*是一个反映居民家庭一般所购买的消费商品和服务价格水平变动情况的指标。通常，通货膨胀初始阶段，即通货膨胀率低于3%时，一方面，物价开始上涨，生产企业积极性大大提高，开始扩大规模，盈利能力增加，刺激股价上升；另一方面，流通货币开始贬值的势头，也让投资者为了保值而持有股票以规避通胀风险，加大了股市的需求，也会刺激股价上扬。通货膨胀发展到一定程度时，政府就会采取紧缩的财政和货币政策紧缩银根，利率开始上涨，分流了股市资金，也影响到企业经营状况和投资者对企业未来利润的预期，最终导致股票价格下跌。因此，通货膨胀对股市的影响，不能简单地总结为正相关还是负相关，这要看通货膨胀发展的程度，一定程度的通货膨胀对股市是有利的。

汇率（*EX*）是一国货币兑换另一国货币的比率。汇率的变动将直接影响进出口商品的价格，进而引起国内物价总水平的变化，一些以进口商品为原材料的上市公司的生产成本也将发生变化，而这些变化意味着实际利率的变化和股市资金供给和需求的变化。当汇率下降、本币升值时，外国投机资本会大量涌入，增加股市的资金流量，同时上市公司的资产面临重新估值，特别是金融公司的资产升值，这些都会促使股价上升；相反，汇率上升，则会促使股价下降。

利率表示一笔贷款或者其他投资所需支付利息的比率，是高于本金的部分。政治经济学认为利息是股息收入的资本化，股票价格=股息/利率，因此股票价格与利率成反比。西方经济学认为利率是货币的价格，是持有货币的机会成本。

利率下降，可以降低企业的融资成本，增加盈利，促使股价上升；此外，由于持有货币的机会成本降低，也可以促进居民投资热情，增加流通现金，使股价上升。相反，利率上升，股价下跌。本小节市场利率选取银行间7d内拆借利率（*CHIBOR*）为代表（曹广喜，2007）。

市场环境因素中的金融危机（*Crisis*）、股市泡沫（*Bubble*）和重大灾害（*Disaster*）作为金融和自然因素的代表，采用哑变量的形式，具体含义见表3-2。由于中国外汇储备充足，资产证券化水平不高，因此在全球性金融危机环境下得到了一定程度的保护，但世界经济一体化的格局，使得国内经济和资本市场受到的冲击也非常大；股市泡沫描述的是股票价格飙升，脱离其实际内在价值的现象，泡沫期会给人股市欣欣向荣的假象，但因泡沫终会破灭，对市场和经济的打击也是非常严重的；此外，我国是自然灾害频发的国家，不仅会威胁到人民群众的生命安全，也会影响经济的持续发展，进而影响上市公司的业绩，导致股市的波动。基于此，在选择市场环境变量时，本小节也考虑了这三个变量的影响。

表3-2 金融危机、股市泡沫和重大灾害情况

项 目	事 件	开始时间	结束时间
金融危机	亚洲金融危机	1997-07	1998-12
	美国金融风暴	2007-12	2009-06
股市泡沫	20世纪“.com”泡沫	1999-01	2000-12
	房地产泡沫	2005-01	2008-09
重大灾害	1991年洪涝灾害	1991-05	1991-08
	1998年洪涝灾害	1998-06	1998-08
	非典病毒	2002-11	2003-07
	2007年暴雨灾害	2007-05	2007-08
	2008年南方冰雪灾害	2008-01	2008-02

续表 3-2

项　目	事　件	开始时间	结束时间
重大灾害	汶川地震	2008-05	
	青海玉树地震	2010-04	
	温州动车事故	2011-07	
	舟曲泥石流	2010-08	
	云南彝良地震	2012-09	
	四川雅安地震	2013-04	

本书定义的风险溢价（risk premium）为指数收益与无风险收益的差值，记为 *RP*，其中根据中国的实际情况，以一年期存款利率作为无风险收益的代表（王茵田和朱英姿，2007；刘勇和周宏，2005）。同时，我们采用公式（3-2）定义的 *AVR* 统计量作为收益可预测性指标（Kim，2011），相关基础数据来自中国宏观经济网。建立计量模型如下：

$$RP \text{ 或 } AVR = \alpha_0 + \alpha_1 Crisis + \alpha_2 Bubble + \alpha_3 Disaster + \alpha_4 DIP + \alpha_5 DCPI + \alpha_6 EX + \alpha_7 CHIBOR + \alpha_8 REI + \varepsilon \qquad (3\text{-}18)$$

B　回归结果分析

对上证综指和深证成指的回归结果见表 3-3。在风险溢价指标方面，金融危机（*Crisis*）对两个市场的收益有较为显著的负向影响，股市泡沫（*Bubble*）则会显著地提高股市收益，这与发生危机时股市的萧条以及出现泡沫时的繁荣相一致；而其余指标则未表现出对股市风险溢价的显著性影响，即与股市收益未表现出显著的相关性。

表 3-3 金融市场表现与市场环境的回归分析结果

项 目	风险溢价（*RP*）		收益可预测指标（*PI*）	
	上证综指	深证成指	上证综指	深证成指
Crisis	-3.465 ** (-2.199)	-4.147 ** (-2.265)	0.824 *** (4.618)	1.103 *** (5.612)
Bubble	2.396 * (1.727)	2.643 * (1.667)	0.533 *** (3.395)	0.850 *** (4.993)
Disaster	-0.562 (-0.302)	0.646 (0.302)	-0.051 (-0.242)	-0.200 (-0.873)
DIP	-0.022 (-0.439)	-0.026 (-0.450)	-0.004 (-0.744)	-0.005 (-0.882)
DCPI	-0.451 (-1.172)	-0.322 (-0.730)	0.140 *** (3.203)	-0.087 ** (-1.835)
EX	-0.126 (-0.107)	-0.075 (-0.055)	-0.956 *** (-7.214)	-0.957 *** (-6.631)
CHIBOR	0.126 (0.277)	-0.157 (-0.274)	-0.036 (-0.704)	0.226 *** (3.687)
REI	-0.229 (-0.848)	-0.317 (-0.995)	0.071 ** (2.321)	0.128 *** (3.749)

续表 3-3

项 目	风险溢价 (*RP*)		收益可预测指标 (*PI*)	
	上证综指	深证成指	上证综指	深证成指
R^2	0.070	0.061	0.577	0.366
Adjusted R^2	0.032	0.022	0.560	0.339
F	1.833**	1.559*	33.296***	13.756***

注：*、** 和 *** 分别代表在 10%、5%和 1%水平上显著；括号内数字为 *t* 检验值。

收益率可预测指标方面，金融危机（*Crisis*）和股市泡沫（*Bubble*）对收益率预测指标均有显著的正向影响，说明我国股市在金融危机和泡沫时期具有较高的可预测性；通货膨胀率（*DCPI*）和汇率指标（*EX*）对收益预测也均有显著的影响。其中，除了通货膨胀率 *DCPI* 能显著增强上证综指收益的可预测性外，其余情况下 *DCPI* 和 *EX* 对股市收益可预测性的影响为负，即 *DCPI* 和 *EX* 上升，降低了市场参与者对股市收益的预测能力，增加了投资决策的难度，这与 Kim（2011）的结果一致。此外，利率（*CHIBOR*）和房地产景气指数（*REI*）对深证成指的可预测性有显著的正向影响，即在高利率和房地产业发展状况良好的情况下，提高了深证成指收益的可预测性；而重大自然灾害（*Disaster*）和工业生产总值增速（*DIP*）指标均不显著，说明重大自然灾害的发生以及总体宏观经济增速并不能影响投资者对市场收益的可预测性。

总体来讲，市场环境对风险溢价的影响不太显著，但对收益可测性影响的显著性较高。因此，虽然不能根据市场条件判断所获收益的具体大小，但可以预测收益的变化趋势，以便及时调整投资策略，从而发现获利机会。我们发现金融危机（*Crisis*）的出现虽然会降低股市的溢价收入，但是能够提高股市的可预测性；在股市泡沫（*Bubble*）的情况下，股市的收益和可预测性会大大提升，而与此相反，高通货膨胀率（*DCPI*）和高汇率（*EX*）却会导致可预测性的降低；市场利率（*CHIBOR*）和房地产发展情况（*REI*）对股市可预测性也有显著影响。此外我们注意到，上证综指和深证成指收益可预测性指标对所处环境的反应并不一致，这可能与两个市场的特点有关，上证主要以市值较大的大盘股为主，而深证主要为中小板和创业板。因此相比于上证综指，深证成指对环境的反应更加灵活，也更容易由环境的变化来判断其走势。另外，除重大灾害等突发事件（*Disaster*）对股市无明显影响外，工业生产总值增速（*DIP*）的影响也不显著，说明中国实体经济与虚拟经济的发展趋势并不同步，这可能与中国股市起步较晚、还未发展完善有关，个人或机构投资者的行为大部分是凭个人喜好、经济主体操控或其他市场环境，并未过多参照生产总值指标，使得股市受其影响并不明显。

股票的价格具有短期的波动特征，但是影响这种波动进而影响其收益的因素是极为复杂的，某个模型或者几个变量很难说清楚，股票的价值取决于公司的盈利能力，公司的盈利能力在很大程度上取决于一个国家的经济发展情况，即各个宏观经济变量，但是股票的价格又并非完全取决于其价值，还有人的心理驱动。说股市是复杂的，是因为影响股价的错综复杂的因素，消息不是直接作用于股票，而是作用于参与这个伟大博弈的投资者，而投资者对现象或者信息的解读是有偏差的，因此诸多外在因素的影响有时并不一定如理论描述一样。本小节的结论也可说明股市并非完全不可预测，股市的运行轨迹是市场参与者“合力”的结果，可以依据外在条件变化形成的某种规律进行粗略估计。

3.2.3.4 主要结论

随着对有效市场假说质疑和挑战的增加，以及行为金融理论体系的不完善，适应性市场假说整合了两种理论，已成为一种可行的综合分析思路。本小节检验了中国股市的有效性、收益与风险的相关性以及它们与市场环境的关系。从整体来讲，股市有效性指标随时间不断变化，尤其在2008年金融危机阶段起伏较大，因此中国股市的有效性是一个时变概念。此外，收益与风险的关系也是一个波动较大的动态变量，这些均与AMH假设的观点一致。在股市表现与市场环境的关系方面，我们发现市场环境对风险溢价的影响不明显，但对收益可预测性有显著影响。因此，可以据此判断股市收益的变化趋势，以便及时调整投资策略。由于我们事先并不能准确预测一些突发事件的发生，同时一些具有持续性的自然灾害或市场危机等的起止时间也比较模糊，给这部分研究造成了一定的困难。本书对中国股市适应性特征的讨论，为AHM理论体系的完善提供了有力的经验证据，也为今后市场风险管理及股市预测分析提供了一种新的理论依据和分析思路。

4

基于适应性市场假说的我国股市波动率建模分析

波动率的初始定义为某一变量在单位时间内连续复利收益率的标准差，在金融领域其代表了资产价格或收益序列随时间的扰动程度，是金融风险研究以及进行风险控制的核心指标。波动率一般采用样本的标准差或方差来衡量，表示样本整体的离中程度，而针对如何获取这一变量的方法，经济学家们也做出了大量的工作。根据波动率模型的构建思路，主要包括传统波动率模型和自回归条件方差模型（ARCH），其中传统波动率模型以标准差来衡量波动率的大小，而自回归条件方差模型则主要以方差度量波动率的大小。因此，本章首先介绍一些常见的金融波动率模型，在此基础上，构建能够体现适应性市场假说特征的模型，并以中国股市为例进行实证分析和模型精度比较。

4.1 经典波动率测度模型概述

4.1.1 历史波动率模型

经典金融分析理论认为资产收益的波动是恒定值，而没有更多的考虑收益波动的时变特征。Markowitz（1952）在其投资组合的分析中认为样本的标准差能够描述样本的离中趋势，因此选择历史收益的方差作为风险的指标，具体计算如下：

$$\bar{r} = E(r_t) = \frac{1}{N}\sum_{t=1}^{N} r_t \qquad (4-1)$$

$$\hat{\sigma}^2 = Var(r_t) = \frac{1}{N-1}\sum_{t=1}^{N}(r_t - \bar{r})^2 \approx \frac{1}{N-1}\sum_{t=1}^{N} r_t^2 \tag{4-2}$$

式中，r_t、$\bar{r}$ 分别代表资产收益及其平均值；$\hat{\sigma}^2$ 为波动率平方值的估计，由历史收益方差的无偏估计量 $Var(r_t)$ 计算得出。

经典理论中假定 $\hat{\sigma}$ 是恒定值，因此由式（4-2）计算得出的波动率值也作为资产未来收益的波动测度指标，被用于今后投资决策的分析和制定。由于波动率的具体数值是从资产的历史数据中用等权的方式估计得出，因此将其称为历史波动率。

历史波动率易于计算、便于理解，但是其波动率恒定的假设，导致其基本思路是直接将过去的估计值用做未来波动率的预测值。因此，历史波动率模型通常会与实际有一定的偏差。但是，由于其简单易行，也有大量的应用，并且在比较更为复杂的时间序列模型预测精度时，也会被作为比较的基准。

4.1.2 隐含波动率模型（IV）

隐含波动率是研究金融衍生产品风险问题中的一个重要概念，它是将金融市场中的期权或权证价格代入权证理论价格模型（Black-Scholes 模型），从而反算得出的波动率值，也能够反映投资者对未来标的证券波动的预期。

Black-Scholes 期权定价模型中，假定波动率是固定不变的，则欧式看涨期权的定价公式为：

$$V_c = N(d_1)P_N - \frac{E}{e^{RT}}N(d_2) \tag{4-3}$$

$$d_1 = \frac{\ln(P_N/E) + (R + 0.5\sigma^2)T}{\sigma\sqrt{T}} \tag{4-4}$$

$$d_2 = d_1 - \sigma\sqrt{T} \tag{4-5}$$

式中，P_N 为标的资产的当期价格；R 为无风险利率，以复利计算；T 为期权到期日；E 为到期日的执行价格；σ 为标准差，衡量资产的风险大小；$N(\cdot)$ 为标准正态分布的累计分布函数。

利用公式（4-3）可推导出隐含波动率的估计值，即把公式（4-4）和式（4-5）中的 σ 当作未知量，用期权的当前市场价格 V 替代公式（4-3）中的 V_c 作为已知量，反推出来的波动率估计值：

$$\hat{\sigma} = f(V,\ P_N,\ E,\ R,\ T) \tag{4-6}$$

4.1.3 已实现波动率模型（RV）

随着高频金融数据的出现，在研究金融风险问题时，就出现了一种专门针对高频数据的估计方法，即已实现波动率。Merton（1980）最先提出已实现波动率（realized volatility）的概念，并且认为可以使用高频数据来获取某一时间段的波动率。根据 Andersen 和 Bollerslev（1998）的研究方法，已实现波动率可以表示为：

$$RV'_t = \sum R^2_{t,\ d} \tag{4-7}$$

之后，Hansen 和 Lunde（2006）对其进行了一定的拓展和补充：

$$RV_t = \delta RV'_t \tag{4-8}$$

其中，RV_t 为已实现波动率估计，$\delta = \dfrac{N^{-1}\sum\limits_{t=1}^{N} R^2_t}{N^{-1}\sum\limits_{t=1}^{N} RV'_t}$。

Andersen 等（2001）运用二次变差理论证明，如果能够保证收益率序列可以近似满足零均值的假设，则在渐近无穷样本的条件下，已实现波动率即为真实波动率的一致估计量。已实现波动率是直接对已实现收益某种形式的加和，因此若采用的数据频率越高，则可包含的信息量越多。相比于模型波动率，已实现波动率能够更直接准确地反映出波动率的特性。

4.2 自回归条件方差类模型

在20世纪中期，学者就开始对金融资产价格的变化特征开始关注，Mandelbrot（1963）和 Fama（1965）发现了资产价格变化的波动聚集（volatility clustering）现象，即资产价格的大幅度和小幅度波动分别聚集在某一个时间段。后来的研究也证实了这一现象的存在和普遍性。但是传统分析模型，如多元线性回归、移动平均（ARMA）模型等是在残差值为零且独立同方差的前提假设下进行的，因此就不能很好地衡量资产价格变化特征的时变性。

4.2.1 ARCH 模型

为了解决这个问题，Engle（1980）提出了自回归条件异方差（autoregressive conditional heteroscedasticity，ARCH）模型。自此之后，以 ARCH 模型为基础的

各种演变形式成果层出不穷，并成为金融风险管理研究的主要方法。

按照 Engle（1980）的思想，设定金融资产收益率 R_t 符合下面的方程式：

$$R_t = \mu_t + \varepsilon_t = \mu_t + \sigma_t z_t \tag{4-9}$$

其中，μ_t 和 σ_t 分别代表收益序列的条件均值和标准差，z_t 满足：$z_t \sim IID(0,\ 1)$。此外，根据金融市场收益特征，在实证研究中一般都假定 μ_t 等于零（Koopman，2005），则 ARCH 模型中所体现的波动聚集性是通过让条件方差依赖于前一期的残差平方来表示的，即：

$$\sigma_t^2 = \omega + \alpha\varepsilon_{t-1}^2 \tag{4-10}$$

此模型成为 ARCH（1），因为条件方差仅依赖滞后一期的残差平方。如果稍加拓展，则可得到 ARCH（ q ）模型：

$$\sigma_t^2 = \omega + \alpha_1\varepsilon_{t-1}^2 + \alpha_2\varepsilon_{t-2}^2 + \cdots + \alpha_q\varepsilon_{t-q}^2 \tag{4-11}$$

4.2.2 ARCH 模型的拓展

ARCH 模型最早的拓展是广义自回归条件异方差（GARCH）模型。GARCH 模型由 Bollerslev（1986）首先提出，并证明标准 GARCH（1，1）模型在大多数情况下有适用性，其假定条件方差满足以下形式：

$$\sigma_t^2 = \omega + \alpha\varepsilon_{t-1}^2 + \beta\sigma_{t-1}^2 \tag{4-12}$$

此后，为了将金融市场的其他很多典型事实（Stylized facts）纳入研究范畴加以讨论，一些学者在此基础上提出了许多其他非线性的 GARCH 模型，如 IGARCH（1，1）模型同样见公式（4-12），但要求满足 $\alpha + \beta = 1$。

此外，由于收益分布具有不对称性（Hagerman 等，1978；Lau，1990），即收益对波动率影响的不对称性，负收益会比正收益引起波动率更大幅度的波动，这种现象被称为“杠杆效应”。Glosten（1993）提出了 GJR 模型，GJR（1，1）的条件方差为：

$$\sigma_t^2 = \omega + [\alpha + \gamma I(\varepsilon_{t-1} < 0)]\varepsilon_{t-1}^2 + \beta\sigma_{t-1}^2 \tag{4-13}$$

其中，$I(\cdot)$ 为指示函数，定义为 $I(\varepsilon_{t-1}) = \begin{cases} 1 & \varepsilon_{t-1} < 0 \\ 0 & \varepsilon_{t-1} \geqslant 0 \end{cases}$。$\gamma$ 可以反映正反两方面外部影响的差异，记为“杠杆系数”（asymmetric leverage coefficient）。

类似的，Nelson（1991）提出 EGARCH 模型，EGARCH（1，1）的条件方差表示为：

$$\lg(\sigma_t^2) = \omega + \alpha z_{t-1} + \gamma(|z_{t-1}| - E|z_{t-1}|) + \beta\lg(\sigma_{t-1}^2) \tag{4-14}$$

Ding 等（1993）提出了一类非对称幂 GARCH 模型——APARCH 模型，APARCH（1，1）表示为：

$$\sigma_t = [\omega + \alpha(|\varepsilon_{t-1}| - \gamma\varepsilon_{t-1})^{\delta} + \beta\sigma_{t-1}^{\delta}]^{1/\delta} \tag{4-15}$$

其中，$\delta > 0$，起着将 σ_t 进行 Box-Cox 变换的作用。此模型是 GARCH、GJR 模型的一般化形式。

针对以往模型只研究短周期波动率预测的情况，Baillie（1996）提出了具有长记忆特征的 FIGARCH（p，d，q）模型：

$$\sigma_t^2 = \omega + \beta(L)\sigma_t^2 + \{1 - \beta(L) - [1 - \varphi(L)](1 - L)^d\}\varepsilon_t^2 \tag{4-16}$$

式中，L 为滞后算子；d 为分数协整阶数，通常其取值范围为 $0 \leqslant d \leqslant 1$，是衡量波动率是否具有长记忆性的指标；$\varphi(L)$ 和 $\beta(L)$ 都为 p 阶和 q 阶滞后算子多项式，其计算式为：$\varphi(L) = 1 - \sum_{j=1}^{p}\varphi_i L^j$，$\beta(L) = \sum_{j=1}^{q}\beta_j L^j$；$p$ 为自回归项的滞后阶数；q 为移动平均项的滞后阶数，我们选取的模型是 FIGARCH（1，d，1）。

Bollerslev 和 Mikkelsen（1996）结合 FIGARCH、EGARCH 提出了 FIEGARCH（p，d，q）模型。同样，我们采用 FIEPERCH（1，d，1）的模型设定形式：

$$\ln\sigma_t^2 = \omega + \varphi(L)^{-1}(1 - L)^{-d}[1 + \alpha(L)]g(Z_{t-1}) \tag{4-17}$$

其中，$g(Z_t) = \gamma_1 Z_t + \gamma_2(|Z_t| - E|Z_t|)$。

此外，Davidson（2004）在 FIGARCH 模型的滞后多项式中引入新参数 k，提出 HYGARCH 模型，实现了平稳性与记忆性分开检验的目的。HYGARCH（1，d，1）表示为：

$$\sigma_t^2 = \omega + \{1 - (1 - \beta L)^{-1}\varphi L\{1 + k[(1 - L)^d - 1]\}\}\varepsilon_t^2 \tag{4-18}$$

其中，$0 \leqslant d \leqslant 1$，$\omega \geqslant 0$，$k \geqslant 0$，$\varphi$，$\beta \leqslant 1$。当 $k = 1$、$k = 0$ 时，模型分别变形为 FIGARCH 和 GARCH 模型。

4.3 基于适应性市场假说的波动率度量模型

股市发展并非独立，与周边环境关系密切。当宏观经济环境发生重大变化时，诸如社会出现了重大的科技进步、政府经济政策出现了调整、发生了经济金融危机、出现政治突发事件、自然地质灾害发生、社会文化渗透等，都会导致投资者对市场态度和预期的改观，进而投资决策出现变化，会形成具有统计意义的金融资产收益波动变化，与其前期行为一起呈现出某种变化规律，并且这种规律又会在持续一段时间后由于环境的改变恢复到原有状态或者产生新的变化，这种现象可以称为序列的记忆性，又分为“长期记忆”和“短期记忆”。上一节中，Bollerslev 和 Mikkelsen（1996）提出的 FIEGARCH（p，d，q）模型以及 Davidson（2004）提出的 HYGARCH 模型即为针对此类现象的研究，但是这些模型主要考虑收益波动序列的记忆性特征，并没有考虑收益序列本身的记忆性。近年来，同时考虑收益和波动记忆的模型也开始受到重视，如张卫国等（2006）、曹广喜等（2009，2012）将自回归分整移动平均（ARFIMA）模型引入到 FIGARCH 模型，对我国股市进行实证分析。Andersen 和 Bollerslev 等（2001）研究表明，用 ARFIMA 能够对时间序列的长记忆性进行很好的刻画。

适应性市场假说所强调的正是金融市场随环境不断变动和进化的特性，会对某种现象的发生具有某种持续性和长记忆性，体现了市场中理性到非理性再回归理性的周而复始现象及不断跨越和进化的动态特征。因此，我们讨论价格变化时加入考虑收益序列长记忆性的 ARFIMA 模型。

4.3.1 自回归分整移动平均（ARFIMA）模型

ARFIMA 模型是由 Granger 和 Joyeux（1980）、Hosking（1981）分别独立提出的，Granger（1980）又对其进行了深入探讨。目前，关于长期记忆性和 ARFIMA（p，d，q）模型的比较全面的综述来自 Baillei（1996）。

$\{x_t\}$ 序列为 ARFIMA（p，d，q）过程需要满足两个前提条件：（1）$\{x_t\}$ 序列为平稳过程；（2）$\{x_t\}$ 序列能够满足差分方程 $\phi(L)(1-l)^d x_t=\theta(L)a_t$。其中，$L$ 为滞后算子；$\{a_t\}$ 为白噪声序列；d 用来衡量序列的长记忆性的关键变量，且 $d\in(-0.5,\ 0.5)$，当 $-0.5<d<0$ 时表明序列为短记忆平稳过程，当 $0<d<0.5$ 时为长期记忆平稳过程；$(1-l)^d$ 为分数差分算子；$\phi(L)$ 和 $\theta(L)$ 分别为 p 阶和 q 阶平稳的滞后多项式算子，且根的模大于 1（在复平面单位圆外），即 $\phi(L)=1-\phi_1L-\phi_2L^2-\cdots-\phi_pL^p$，$\theta(L)=1-\theta_1L-\theta_2L^2-\cdots-\theta_qL^q$。

在 ARFIMA（p，d，q）模型的构建过程中，我们一般采取的步骤是：第一步，通过初步判断研究数据中的长记忆因素，选取适当的 d 值；第二步，通过构造分数阶差分序列，进而得到 ARMA（p，q）序列，该序列具有零均值；第三步，ARFIMA（p，d，q）模型中的阶数 p 和 q 确定；最后，为了预测，还需要求出 ARFIMA（p，d，q）中 ϕ_1，ϕ_2，…，ϕ_p 和 θ_1，θ_2，…，θ_q 的值。

4.3.2 ARFIMA -GARCH 模型

ARFIMA -GARCH 模型的具体形式如下：

$$\phi(L)(1-l)^d(x_t-\mu)=\theta(L)\varepsilon_t \tag{4-19}$$

$$\varepsilon_t=z_t\sigma_t \tag{4-20}$$

$$\sigma_t^2=\alpha_0+\alpha_1\varepsilon_{t-1}^2+\beta_1\sigma_{t-1}^2 \tag{4-21}$$

式（4-19）为均值方程，描述 x_t 过程；式（4-21）为条件方差方程，根据其不同的设定形式，构建成了不同侧重点的 ARFIMA-GARCH 族模型。

长记忆参数 d 为市场效率与否的检验指标，也是我们所采用模型区别于传统方法的特征之一，确定 d 值的一个经典方法为 Hurst 在 1951 年提出的重标极差分析（R/S）；但因为其容易受到短期记忆的影响，并因此导致对长记忆性的不准确估计，接下来的实证分析中，我们采用 3.2.1.1 节所介绍的局部 Whittle（local Whittle estimation）估计方法进行。

4.3.3 AMH-GARCH 类模型

利用生态学的观点，金融体系的运行与其市场环境具有紧密的依存关系，股票市场的表现还涉及其活动区的文化、政治、经济、法制等方面。因此，基于适应性市场理论，为了能够体现出外部环境对资本市场价格和波动的影响，我们对 ARFIMA-GARCH 模型的均值方程进一步适当修正，得到如下 AMH -GARCH 模型的均值方程：

$$\phi(L)(1-l)^d\left(x_t+\sum_{k=1}^{n}X_k-\mu\right)=\theta(L)\varepsilon_t \tag{4-22}$$

式（4-22）表示在均值方程中加入了代表外部环境的变量，并用 $\sum_{k=1}^{n}X_k$ 项表示。当方差方程变换为其他 GARCH 类模型的形式时，则可得到另外几种 AMH-GARCH 类模型。本章在前文实证基础上将各类外部环境因素进一步归纳总结为文化、政治、经济、法制四类，采用市场交易情况代表社会文化对股市的直接影响，由于一个社会的文化背景会影响人们的自信心以及投资思维模式，进而影响到持股和交易（Grinblatt 和 Keloharju，2001；Chui 等，2010），直接表现为市场操作的频繁程度，因此以换手率（*Hsl*）代表。政治（*Polity*）、经济（*Economy*）和法制（*Policy*）因素均采用哑变量形式，考察投资者对此类信息的敏感性，选取重大政治事件的发生日为“1”，如领导层的更替、重要的国际交流活动、政府的重要行为、突发事件、政治丑闻等，其余为“0”；选择经济数据的公布日为“1”，包括宏观经济、工业发展、经济前景、消费能力等数据的公布，其余为“0”；而法制因素主要选择政府针对股市运行和发展、市场利率以及货币流通等做出的法令、法规和相关措施，我们将政策发布日期记为“1”，其余为“0”。

此外，由于多数金融数据的分布形态并不能用标准正态分布来完全描述，会表现出尖峰胖尾的特征，而 *Skt* 分布能够更好地捕捉收益序列的这种特性（魏宇，2008；林宇等，2011；淳伟德等，2013），因此此处的分析主要是在假设 z_t 为 *Skt* 分布的基础之上。*Skt* 分布的概率密度函数为：

$$Skt(R;\ \lambda,\ v)=\begin{cases} bc\left[1+\dfrac{1}{v+2}\left(\dfrac{bR+a}{1-\lambda}\right)\right]^{-\frac{v+1}{2}} & R\leqslant -\dfrac{a}{b} \\ bc\left[1+\dfrac{1}{v+2}\left(\dfrac{bR+a}{1+\lambda}\right)\right]^{-\frac{v+1}{2}} & R>-\dfrac{a}{b} \end{cases} \tag{4-23}$$

式中，λ 为学生 t 分布的偏度系数；v 为自由度；$\Gamma(\cdot)$ 为 Gamma 分布函数；$a=4\lambda c\left(\dfrac{v-2}{v-1}\right)$，$b=\sqrt{1+3\lambda^2-a^2}$，$c=\dfrac{\Gamma\left(\dfrac{v+1}{2}\right)}{\Gamma\left(\dfrac{v}{2}\right)\sqrt{\pi(v+2)}}$。

因此，与传统方法相比，模型（4-22）中的长记忆参数 d、环境变量 $\sum_{k=1}^{n}X_k$、随机变量 Z_t 的分布特征以及动态估计方法均体现了 AMH 理论所强调的特征。

4.3.4 模型精度比较方法

为了对比各种模型的拟合和预测精度，一般采用损失函数（loss function）判断法。Hansen（2005）认为，应尽可能选择多种形式的损失函数作为判断标准。因此，我们以全样本的已实现波动率估计 *RV* 为真实市场波动率的替代变量，采用 6 种不同的损失函数，分别为：平均误差平方 *MSE*（mean squared error）、平均绝对误差 *MAE*（mean absolute error）、经异方差调整的 *MSE* 和 *MAE*（heteroskedastic adjusted）、高斯准极大似然损失函数误差 *QLIKE* 以及对数损失函数误差 R^2LOG，其中前两类是此判断中最常用的两类损失函数形式。各损失函数的具体定义如下：

$$L_1:\ MSE=M^{-1}\sum_{m=H+1}^{H+M}(RV_m-\hat{\sigma}_m^2)^2 \tag{4-24}$$

$$L_2:\ MAE=M^{-1}\sum_{m=H+1}^{H+M}\left|RV_m-\hat{\sigma}_m^2\right| \tag{4-25}$$

$$L_3: \ HMSE = M^{-1}\sum_{m=H+1}^{H+M}(1 - RV_m/\hat{\sigma}_m^2)^2 \tag{4-26}$$

$$L_4: \ HMAE = M^{-1}\sum_{m=H+1}^{H+M}|1 - RV_m/\hat{\sigma}_m^2| \tag{4-27}$$

$$L_5: \ QLIKE = M^{-1}\sum_{m=H+1}^{H+M}[\ln(\hat{\sigma}_m^2) + RV_m/\hat{\sigma}_m^2] \tag{4-28}$$

$$L_6: \ R^2\text{LOG} = M^{-1}\sum_{m=H+1}^{H+M}[\ln(RV_m/\hat{\sigma}_m^2)]^2 \tag{4-29}$$

我们采用以上方法对比模型精度时，是以各模型假设下的波动率估计结果与实际市场波动率为基础进行的对比，但并未进一步检验比较结果在统计上是否具有显著性。因此，我们将借鉴 Diebold 和 Mariano（2002）提出的检验方法（D-M 检验法）来进一步比较验证。D-M 检验的思路如下：

记 e_{1t}、e_{2t} 为两个对比模型的拟合误差，$g(e_{1t})$、$g(e_{2t})$ 分别代表与之相关的损失函数。令损失差分 $d_t = g(e_{1t}) - g(e_{2t})$，则可用下面的分布进行描述：

$$\sqrt{n}(\bar{d} - \mu) \sim N(0, f) \tag{4-30}$$

其中：

$$\bar{d} = \frac{1}{n}\sum_{t=1}^{n} d_t$$

$$f = \sum_{\tau=-\infty}^{\infty} E[(d_t - \mu)(d_{t-\tau} - \mu)] \tag{4-31}$$

$$\mu = E[d_t]$$

在 $\mu=0$ 的假设下，标准化的对比模型损失差分服从标准正态分布。检验统计量为：

$$B = \frac{\bar{d}}{\sqrt{\frac{\hat{f}}{n}}} \tag{4-32}$$

式中，$\hat{f}$ 为 f 的常值估计量。

该检验的原假设 H_0：两个模型的拟合能力没有差别，记 $\mu = E[d_t] = 0$；备择假设 H_1：两个模型的拟合能力存在着差别，记 $\mu = E[d_t] > 0$ 或 $\mu = E[d_t] < 0$。当检验结果接受原假设时，说明模型精度相同；结果拒绝原假设，则证明两个模型拟合精度有优劣之分。

4.4 实证分析

本节采用的样本区间选择如下，两个市场指数选择 2006 年 1 月 1 日起至 2013 年 10 月 31 日时间段，共 1897 个交易日，数据来源于招商证券系统。在实证分析过程中，2006 年 1 月 1 日至 2013 年 4 月 31 日共 1776 个交易日的数据作样本内估计，其余 121 个交易日数据作样本外估计（从 2013 年 5 月 1 日至 2013 年 10 月 31 日）。

4.4.1 模型参数估计

选择合适的波动率模型，首先需要确定 $ARFIMA(p, d, q)$ 的阶数，该类研究一般以赤池信息准则（AIC）作为选择的依据。AIC 函数一般定义为：

$$AIC = \ln\hat{\sigma}_a^2(p, q) + 2(p + q)/N \tag{4-33}$$

通过选择不同的 p，q 值，得到不同的 AIC 指标，选择该指标值最小时的 p，q 建立模型最为合适。对上证综指和深证指数收益序列进行分析，得到的结果见表 4-1，由表 4-1 中数据可知，上证综指的 p，q 值为（2，2）时，AIC 的值最小，而使深证成指收益 AIC 值最小的 p，q 值为（3，2）。因此，我们选择 $ARFIMA(2, d, 2)$ 和 $ARFIMA(3, d, 2)$ 模型分别对上证综指和深证成指数据进行分析。

表 4-1　模型各阶数的 *AIC* 值

上证综指 *ARMA*（*p*，*q*）		深证成指 *ARMA*（*p*，*q*）	
阶数（*p*，*q*）	*AIC* 值	阶数（*p*，*q*）	*AIC* 值
（1，1）	3.9888	（1，1）	4.2398
（1，2）	3.9938	（1，2）	4.2411
（1，3）	3.9927	（1，3）	4.2391
（2，1）	3.9938	（2，1）	4.2403
（2，2）	**3.9865**	（2，2）	4.2373

续表 4-1

上证综指 *ARMA*（*p*，*q*）		深证成指 *ARMA*（*p*，*q*）	
（2，3）	3.9924	（2，3）	4.2397
（3，1）	3.9939	（3，1）	4.2396
（3，2）	3.9928	（3，2）	**4.2344**
（3，3）	3.9920	（3，3）	4.2350

注：表中加粗的数字为最优结果。

运用上节介绍的 AMH-GARCH 类模型，选择整个样本区间进行估计，并列出四类代表性模型的结果进行比较：原始 GARCH、对指标有特殊规定的 EGARCH、体现“杠杆效应”的 GJR 和具有长记忆特征的 FIGARCH。估计结果见表 4-2。

表 4-2 模型参数估计结果

项 目	参 数	AMH-GARCH	AMH-GJR	AMH-IGARCH	AMH-FIGARCH
上证综指	*Economy*	0.168* （1.936）	0.166* （1.899）	0.165* （1.905）	0.164* （1.904）
	Policy	−0.524*** （−3.177）	−0.518*** （−3.143）	−0.529*** （−3.188）	−0.502*** （−3.044）
	Polity	−0.182* （−1.651）	−0.186* （−1.667）	−0.182 （−1.641）	−0.183 （−1.632）
	Hsl	1.918*** （4.894）	1.936*** （4.738）	1.889*** （4.906）	1.885*** （5.013）

续表 4-2

项 目	参 数	AMH-GARCH	AMH-GJR	AMH-IGARCH	AMH-FIGARCH
上证综指	*d*-Arfima	0.278 *** (3.419)	0.289 *** (3.308)	0.277 *** (3.307)	0.275 *** (3.518)
	AR(1)	−0.409 *** (−5.441)	−0.418 *** (−5.264)	−0.407 *** (−5.425)	−0.423 *** (−5.807)
	AR(2)	0.362 *** (4.783)	0.353 *** (4.432)	0.364 *** (4.827)	0.352 *** (4.841)
	MA(1)	0.120 (1.548)	0.119 (1.522)	0.121 (1.549)	0.133 (1.738) *
	MA(2)	−0.642 *** (−8.298)	−0.641 *** (−8.287)	−0.642 *** (−8.309)	−0.637 *** (−8.357)
	α/φ	0.049 *** (3.452)	0.043 *** (3.670)	0.052 *** (3.022)	0.261 *** (3.183)
	β	0.944 *** (54.850)	0.940 *** (45.850)	0.948	0.723 *** (7.670)
	γ		0.014 (0.557)		
	$\ln\xi$	−0.121 *** (−4.246)	−0.122 *** (−4.271)	−0.117 *** (−4.0637)	−0.121 *** (−4.234)

续表 4-2

项目	参数	AMH-GARCH	AMH-GJR	AMH-IGARCH	AMH-FIGARCH
上证综指	*ν*	4.313*** (9.633)	4.336*** (9.609)	3.997*** (10.450)	4.291*** (10.030)
	d-Figarch				0.492*** (3.708)
	ln*L*	-3476.108	-3475.808	-3476.821	**-3473.892**
	AIC	3.6807	3.6814	3.6804	**3.6794**
	$Q^2(20)$	13.697 [0.749]	12.576 [0.816]	13.720 [0.747]	15.144 [0.652]
	ARCH(20)	0.688 [0.842]	0.628 [0.895]	0.689 [0.841]	0.788 [0.731]
深证成指	*Economy*	0.194* (1.941)	0.191* (1.914)	0.192* (1.915)	0.197* (1.960)
	Policy	-0.406** (-2.153)	-0.407** (-2.174)	-0.408** (-2.168)	-0.409** (-2.194)
	Polity	-0.130 (-0.918)	-0.129 (-0.912)	-0.132 (-0.924)	-0.134 (-0.934)

续表 4-2

项 目	参 数	AMH-GARCH	AMH-GJR	AMH-IGARCH	AMH-FIGARCH
深证成指	*Hsl*	0.442 *** (6.184)	0.441 *** (6.100)	0.435 *** (6.162)	0.444 *** (6.210)
	d-Arfima	0.938 *** (19.510)	0.946 *** (19.050)	0.940 *** (19.950)	0.935 *** (19.790)
	AR(1)	-0.820 *** (-9.466)	-0.830 *** (-9.550)	-0.823 *** (-9.571)	-0.819 *** (-9.721)
	AR(2)	-0.005 (-0.077)	-0.011 (-0.174)	-0.007 (-0.118)	-0.004 (-0.069)
	AR(3)	-0.006 (-0.176)	-0.007 (-0.222)	-0.006 (-0.182)	-0.004 (-0.127)
	MA(1)	-0.123 ** (-2.237)	-0.119 ** (-2.180)	-0.123 ** (-2.232)	-0.123 ** (-2.310)
	MA(2)	-0.851 *** (-15.240)	-0.854 *** (-15.400)	-0.851 *** (-15.240)	-0.850 *** (-15.760)
	α/φ	0.052 *** (3.273)	0.041 *** (3.433)	0.053 ** (2.506)	0.300 *** (3.837)
	β	0.937 *** (44.070)	0.931 *** (40.630)	0.947	0.647 *** (6.468)

续表 4-2

项 目	参 数	AMH-GARCH	AMH-GJR	AMH-IGARCH	AMH-FIGARCH
深证成指	γ		0.024 (1.022)		
	$\ln\xi$	−0.103 *** (−3.826)	−0.104 *** (−3.831)	−0.098 *** (−3.595)	−0.103 *** (−3.791)
	ν	5.409 *** (7.797)	5.485 *** (7.634)	4.824 *** (8.148)	5.420 *** (7.950)
	d-Figarch				0.390 *** (3.965)
	$\ln L$	−3793.794	−3792.852	−3795.616	**−3792.075**
	AIC	4.0166	4.0167	4.0175	**4.0159**
	$Q^2(20)$	16.970 [0.525]	16.504 [0.557]	16.722 [0.542]	19.128 [0.384]
	ARCH(20)	0.832 [0.675]	0.796 [0.721]	0.822 [0.688]	0.956 [0.514]

注：*、** 和 *** 分别代表在 10%、5% 和 1% 水平上显著；$\ln L$ 为极大似然函数值，*AIC* 为赤池准则值，$Q^2(20)$ 为残差平方的 Ljung-Box $Q(20)$ 统计量的值，*ARCH*(20) 为滞后 20 阶的异方差统计量；表中加粗数字为相应准则下的最优结果；( ) 中为参数估计的 t 值，[ ] 中为对应检验的 p 值。

由表4-2中的结果可知，对于刻画上证综指和深证成指两市场收益序列长记忆的参数 d_1（即 d-Arfima），各模型估计出的结果均具有显著性，其中上证综指结果满足 $\{0 < d_1 < 1\}$，说明其收益序列为具有长记忆性的平稳序列，而深证成指结果符合 $\{-1 < d_1 < 0\}$，说明其收益序列具有短期记忆平稳性；AMH-FIGARCH模型中刻画的波动率序列的长记忆参数 d_2（即 d-Figarch），两个市场的结果均具有 $\{0 < d_2 < 1\}$ 的显著性结果，因此说明两市场的波动均具有长记忆性。对于衡量市场收益序列短期记忆特征的 $ARMA(p, q)$ 过程，两个市场均具有显著性的结果，因此说明市场短期记忆也是存在的。此外，我们在各模型中加入的反映金融市场环境的变量，除政治变量外，其他均通过了显著性检验，经济数据的公布以及换手率的提高对两个市场的收益具有显著的正向促进作用，而股市政策对市场指数收益有负向作用。中国股市投资者的非理性情绪比较严重，大多靠主观判断做出决策，又由于股市分红派息机制不够完备，因此基于已有的市场特征，短线投资更容易为投资者获取更多收益；经济信息的公布可以让投资者对当前经济发展状况有清晰的了解，利好或者利空都是针对现有环境的确定性信息，因此有助于投资者选择何种策略应对当前状况，获取更高收益；政策信息主要是对有关证券发行、流通和交易以及市场利率、货币流通等做出的规定，由于中国股市的特殊性，投资者并不能准确预测市场对该类信息能够做出的反应，这种不确定性导致收益降低；关于政治因素的影响则很微妙，由于政治事件涉及面比较广，在保证国家政局稳定以及与经济没有直接联系的情况下，其对股市所产生的直接或间接影响或许会被弱化，因此表现出不显著性。

此处对残差序列的相关性和ARCH效应进行检验，以便验证模型估计结果是否具有可靠性。根据表4-2的内容，各模型的 $Q^2(n)$ 和 $ARCH(n)$ 值在1%的显著性水平下均接受序列不存在相关性和不存在ARCH效应的原假设，因此各模型在估计过程中对收益率进行了可靠的刻画。此外，根据 $\ln L$ 和AIC准则，我们能够判断出双长记忆模型AMH-FIGARCH得到了最好的拟合效果。因此，由于模型拟合效果较好、股市长短期记忆性存在以及市场环境因素符合经济意义的显著性影响，均说明我们构建的模型具有稳定性和可靠性。

此外，根据本书第3.2.3节的结论，中国股市在2007~2010年表现为无效，为了进一步说明本节模型的有效性，本节将样本区间分为两部分进行估计：2006~2010年、2011~2013年，分别对应于市场无效和市场有效的两个样本范围。参数估计结果与整个样本区间估计类似，为了便于比较，表4-3列出了四类模型在不同时间段的主要检验结果。

表 4-3 分时段模型检验结果

项目	年份	参数	AMH-GARCH	AMH-GJR	AMH-IGARCH	AMH-FIGARCH
上证综指	2006~2010	*d*-Arfima	0.299*** (3.489)	0.302*** (3.456)	0.306*** (2.846)	0.293*** (2.178)
		α/φ	0.075*** (4.135)	0.061*** (3.063)	0.083*** (4.366)	0.213* (1.921)
		β	0.914*** (47.490)	0.909*** (40.180)	0.917	0.703*** (3.957)
		ln*L*	-2439.063	-2438.679	-2439.629	**-2437.552**
		AIC	4.0413	4.0423	4.0405	**4.0404**
		$Q^2(20)$	9.096 [0.957]	8.968 [0.960]	9.115 [0.957]	9.805 [0.938]
		ARCH(20)	0.455 [0.981]	0.445 [0.984]	0.458 [0.981]	0.485 [0.973]
	2011~2013	*d*-Arfima	-0.089 (-1.475)	-0.040 (-1.097)	-0.041 (-1.384)	-0.042 (-0.876)
		α/φ	0.028* (1.846)	0.024 (0.498)	0.005 (0.273)	0.456*** (3.790)
		β	0.533 (2.095)**	0.900 (5.144)***	0.995	0.683 (10.280)***
		ln*L*	-1019.836	-1016.116	**-1014.172**	-1015.245
		AIC	3.0376	3.0297	**3.0181**	3.0271

续表 4-3

项目	年份	参数	AMH-GARCH	AMH-GJR	AMH-IGARCH	AMH-FIGARCH
上证综指	2011~2013	$Q^2(20)$	16.776 [0.539]	17.325 [0.501]	14.915 [0.668]	16.311 [0.571]
		ARCH(20)	1.004 [0.455]	1.045 [0.405]	0.891 [0.599]	0.997 [0.463]
深证成指	2006~2010	*d*-Arfima	0.910*** (6.445)	0.932*** (5.336)	0.922*** (6.984)	0.906*** (6.650)
		α/φ	0.070*** (4.021)	0.056*** (3.366)	0.078*** (3.664)	0.286*** (2.898)
		β	0.915*** (41.410)	0.908*** (33.900)	0.922	0.689*** (5.436)
		ln*L*	-2603.498	-2602.924	-2604.571	**-2602.519**
		AIC	4.3136	4.3143	4.3137	**4.3136**
		$Q^2(20)$	12.405 [0.826]	13.370 [0.769]	12.082 [0.843]	14.570 [0.691]
		ARCH(20)	0.578 [0.929]	0.618 [0.902]	0.568 [0.936]	0.676 [0.853]
	2011~2013	*d*-Arfima	0.829*** (10.630)	0.823*** (10.740)	-0.085 (-1.043)	0.833*** (9.900)
		α/φ	0.010 (0.820)	0.003* (1.855)	0.001 (0.149)	0.523*** (0.001)
		β	0.915*** (23.000)	0.937*** (34.200)	0.999	0.640*** (2.804)

续表 4-3

项目	年份	参数	AMH-GARCH	AMH-GJR	AMH-IGARCH	AMH-FIGARCH
深证成指	2011~2013	$\ln L$	-1175.291	-1173.264	**-1172.084**	-1176.195
		AIC	3.4965	3.4934	**3.4841**	3.5020
		$Q^2(20)$	22.493 [0.211]	17.863 [0.465]	21.490 [0.255]	25.579 [0.110]
		$ARCH(20)$	1.447 [0.140]	1.172 [0.272]	1.305 [0.168]	1.396 [0.156]

注：*、** 和 *** 分别代表在 10%、5%和 1%水平上显著；$\ln L$ 为极大似然函数值，AIC 为赤池准则值，$Q^2(20)$ 为残差平方的 Ljung-Box $Q(20)$ 统计量的值，$ARCH(20)$ 为滞后 20 阶的异方差统计量；表中加粗数字为相应准则下的最优结果；( ) 中为参数估计的 t 值，[ ] 中为对应检验的 p 值。

根据表 4-3 的结果，两个市场的长记忆参数 d_1 在 2006~2010 年均具有显著性，且满足 $\{0 < d_1 < 1\}$，说明收益序列在此时间段为具有长记忆性的平稳序列；而在 2011~2013 年，上证综指的 d_1 值全部不显著，深证成指个别模型的估计结果也不显著，且 $\{-1 < d_1 < 0\}$，说明此时间段的收益序列并不具有长记忆性。根据 $\ln L$ 和 AIC 准则，我们能够得出在 2006~2010 年时间段内双长记忆模型 AMH-FIGARCH 得到了最好的拟合效果，而在 2011~2013 年则是更为一般化的 AMH-IGARCH 模型表现更好。此外，由于模型估计的 $ARCH$ 与 $GARCH$ 项系数之和 $\alpha+\beta$ 在 2006~2010 年均大于 0.95，而在 2011~2013 年的值则相对较小，说明在 2006~2010 年股市具有很强的波动聚集性和持续性。对模型估计结果是否具有可靠性进行检验，各模型的 $Q^2(n)$ 和 $ARCH(n)$ 值在 1%的显著性水平下均接受序列不存在相关性和不存在 ARCH 效应的原假设，因此各模型在估计过程中对收益率进行了可靠的刻画。综合以上结论，利用本节方法分时段的对比分析中，模型拟合效果较好，并且捕捉到了市场表现的差异，在市场无效期间，模型能够有效识别收益序列的记忆特征以及波动的聚集性；而在市场相对有效的阶段，这部分特征则并不显著，进一步验证构建的模型能够体现适应性理论特征，具有可靠性和有效性。

4.4.2 波动率预测结果

股市波动率模型建立的主要目的是为了能够对未来波动进行预测，因此本小节给出融入适应性市场特征的各波动率模型和传统波动率模型的预测结果。按照前文所介绍的数据划分，前 1776 个交易日的数据作为估计样本，后 121 个交易日的数据作为预测样本。采用向前一步预测方法，即先选取前 1776 个估计样本进行参数估计，以此为基础预测未来一天的波动率，然后保持估计样本长度不变，向后平移一个交易日，重复操作至 121 次，得到最终的预测结果。

此外，为了对不同波动率模型的预测效果进行评判，需要选择一个基准波动率作为参考标准，而 Andersen 等（2005）指出，日收益率的平方并不能很好地测度波动率。基于此，本小节采用基于高频数据的已实现波动率估计作为基准，具体见 4.1.3 节介绍。各类模型对市场波动的向前一步预测结果如图 4-1 和图 4-2 所示。图中“实心星号”为已实现波动率 *RV*。通过各模型结果与 *RV* 的接近程度，可初步判断出 AMH-FIGARCH 模型的预测结果更接近真实波动情况。为了更清晰具体地对各模型以及传统度量模型之间的预测精度进行对比，下一小节我们采用 4.3.4 的方法做进一步的量化判断。

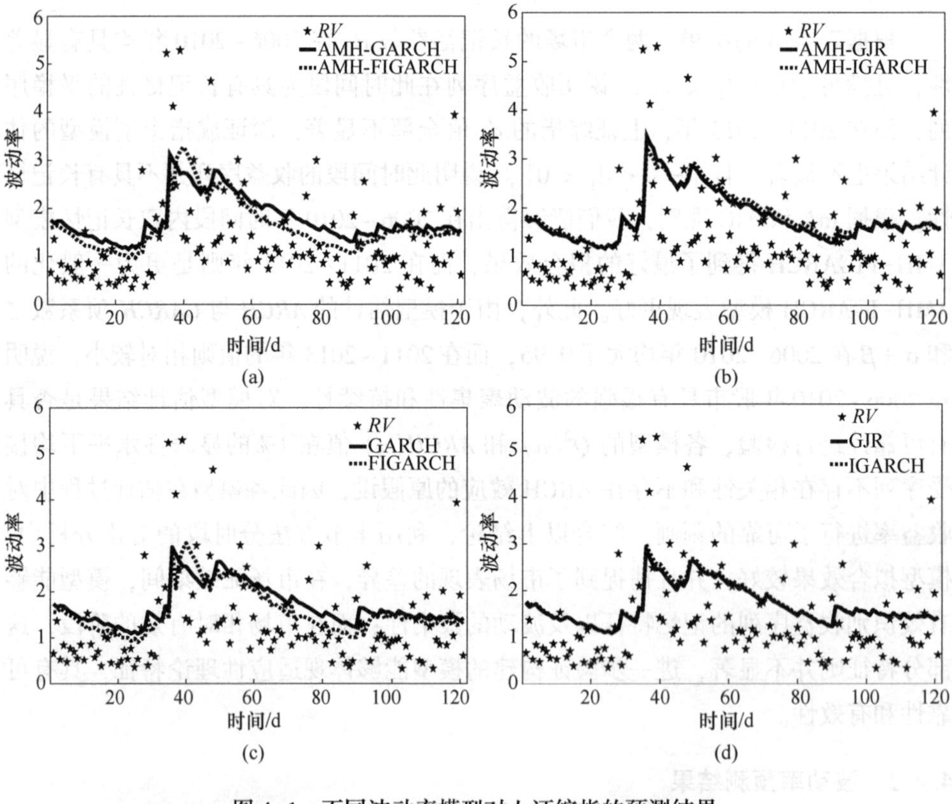

图 4-1 不同波动率模型对上证综指的预测结果

（a）AMH-GARCH 与 AMH-FIGARCH；（b）AMH-GJR 与 AMH-IGARCH；

（c）GARCH 与 FIGARCH；（d）GJR 与 IGARCH

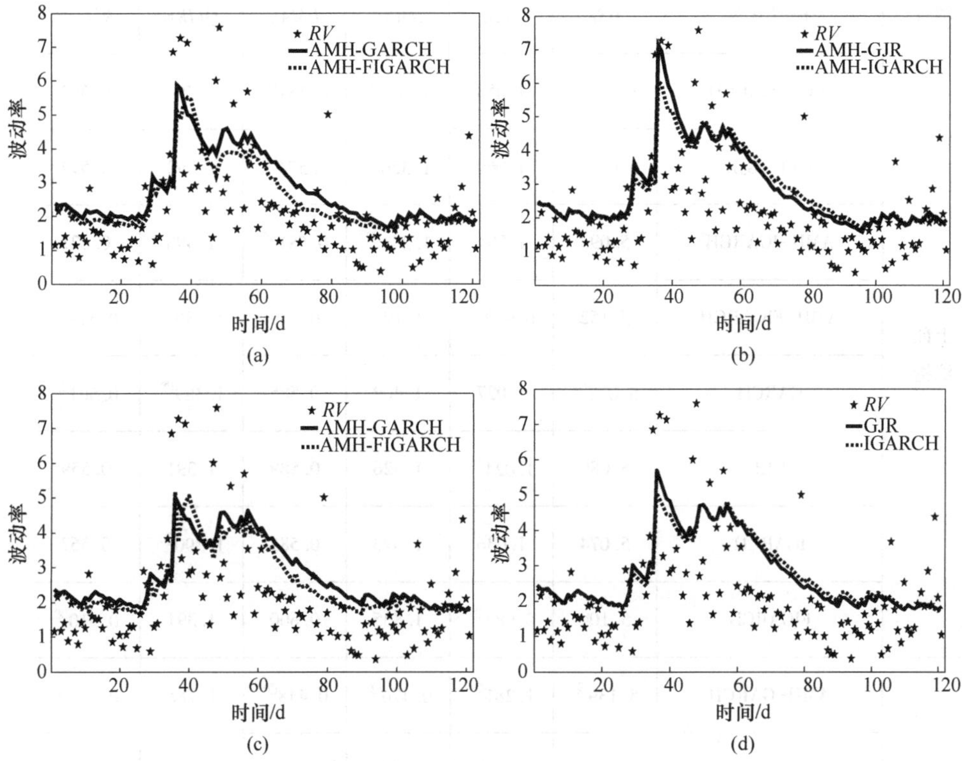

图 4-2 不同波动率模型对深证成指的预测结果

（a）AMH-GARCH 与 AMH-FIGARCH；（b）AMH-GJR 与 AMH-IGARCH；（c）AMH-GARCH 与 AMH-FIGARCH；（d）GJR 与 IGARCH

4.4.3 与传统波动率模型的预测精度比较

各类模型的损失函数值见表4-4。由表4-4可知，（1）整体来讲，本章所探讨的框架下，各类波动率预测模型的预测精度获得了更多的最佳值；（2）上证综合指数的结果显示，AMH-FIGARCH 模型在三种标准下（*MAE*、*QLIKE* 及 R^2LOG）获得了最高的波动率拟合精度，而 AMH-GJR 模型则在 *MSE* 和 *HMAE* 标准下获得了拟合精度的最高值；（3）深证市场上获得最高拟合精度的则仍然为 AMH-FIGARCH，该模型分别在 *MAE*、*HMAE*、*QLIKE* 和 R^2LOG 4 类损失函数标准下获得了最高的拟合精度；（4）与传统模型进行对比，AMH-FIGARCH 和 AMH-GJR 获得了最优和次优的结果。

表 4-4 各类波动率模型的损失函数值

项目	模型类型	*MSE*	*MAE*	*HMSE*	*HMAE*	*QLIKE*	R^2LOG
上证综指	AMH-GARCH	5.077③	1.058	1.343③	0.581③	1.394	0.592
	AMH-GJR	5.018①	1.060	1.326②	0.574①	1.392	0.594
	AMH-IGARCH	5.093	1.094	1.241①	0.581②	1.398	0.621
	AMH-FIGARCH	5.152	0.979①	1.795	0.589	1.389①	0.513①
	GARCH	5.071②	1.027	1.409	0.585	1.389②	0.561③
	GJR	5.089	1.024③	1.426	0.589	1.391	0.559
	IGARCH	5.074	1.036	1.373	0.585	1.390③	0.567
	FIGARCH	5.104	0.984②	1.835	0.600	1.391	0.510②
深证成指	AMH-GARCH	5.139②	1.281③	0.476③	0.448③	1.785	0.411③
	AMH-GJR	4.975①	1.297	0.455	0.439②	1.784②	0.418
	AMH-IGARCH	5.240	1.351	0.440①	0.454	1.790	0.436
	AMH-FIGARCH	5.236③	1.156①	0.623	0.442①	1.778①	0.357①
	GARCH	5.458	1.349	0.483	0.471	1.796	0.440
	GJR	5.280	1.344	0.454	0.461	1.791	0.432
	IGARCH	5.527	1.386	0.468②	0.475	1.799	0.453
	FIGARCH	5.348	1.245②	0.564	0.464	1.786③	0.386②

注：①、②、③分别表示在某一损失函数标准下最小、次小和第三小的损失函数值。

表 4-5 中为 D-M 检验统计量的值，是采用 4.3.4 中介绍的 D-M 检验进行实证的结果。其计算是以前面损失函数测算中获得相对最优拟合精度的模型 AMH-

FIGARCH 为基准，与其他 7 类模型所做的比较。检验的原假设 H_0 表示 AMH-FIGARCH 与另一个比较模型的拟合能力没有差别，备择假设 H_1 表示基础模型 AMH-FIGARCH 在某一损失函数标准下的表现更好。AMH-FIGARCH 模型在 *MAE* 和 R^2LOG 两类损失函数标准下均展示出了绝对的优势；其他损失函数标准下，AMH-FIGARCH 并未在上证市场中表现出优势，但在深证市场上比传统模型表现更好。分析认为，原因可能在于，深圳市场以中小板股票为主，市场更加灵活，因此考虑了市场环境的适应性波动率模型比上证市场表现更优。整体而言，在中国股票市场分析中，考虑了适应性市场特征的波动率模型比传统模型具有更好的预测精度。

表 4-5 各类波动率模型的 D-M 检验结果

项目	模型类型	*MSE*	*MAE*	*HMSE*	*HMAE*	*QLIKE*	R^2LOG
以 AHM-FIGARCH 为基准（上证综指）	AHM-GARCH	0.586	-4.275***	1.166	0.397	-0.264	-4.666***
	AHM-GJR	0.739	-4.244***	1.265	0.667	-0.136	-4.546***
	AHM-IGARCH	0.364	-5.411***	1.155	0.320	-0.399	-5.337***
	GARCH	0.782	-2.452***	1.105	0.197	0.005	-3.205***
	GJR	0.645	-2.182**	1.056	-0.001	-0.071	-3.037***
	IGARCH	0.697	-2.869***	1.098	0.170	-0.030	-3.455***
	FIGARCH	0.772	-1.643**	-0.680	-1.322*	0.042	-1.676**
以 AHM-FIGARCH 为基准（深证成指）	AHM-GARCH	0.395	-4.541***	1.217	-0.403	-0.598	-4.302***
	AHM-GJR	0.482	-3.457***	1.399	0.136	-0.463	-3.817***
	AHM-IGARCH	-0.014	-5.307***	1.158	-0.625	-0.827	-4.675***
	GARCH	-1.310*	-5.435***	0.863	-1.549*	-1.369*	-4.872***
	GJR	-0.180	-5.467***	1.071	-1.046	-0.905	-4.718***
	IGARCH	-1.345*	-5.735***	0.859	-1.556*	-1.301*	-4.877***
	FIGARCH	-1.060	-4.019***	0.735	-2.302**	-1.077	-3.112***

注：表中数字为 D-M 检验统计量的值。*、** 和 *** 分别代表在 10%、5%和 1%水平上显著。

4.4.4 实证结果分析

本节主要结合股票适应性市场的特征对传统波动率模型进行了一定的修订，将有效市场所强调的正态性假定调整为有偏学生分布（SKST），以此来刻画股市中所表现出的尖峰、厚尾和有偏的现象；以 ARFIMA 模型衡量股市收益序列的短期和长期记忆特征；加入了代表股市环境的经济、政策、政治和心理变量，用以考察适应性市场所强调的周围“生态环境”的影响；在此基础上，以上证综指和深证成指为样本进行了实证分析。

模型估计结果表明，刻画收益序列短期记忆性的 *AR*、*MA* 系数以及刻画长期记忆性的 d_1 项均表现出了较强的显著性水平，并且同时刻画收益和波动序列记忆性的双长记忆模型 AMH-FIGARCH 得出了最好的拟合结果，这些结论从一个新的角度对有效市场假说所强调的价格遵循随机游走模型提出挑战，价格的波动有规律可循，历史信息并非一无用处，投资者可以通过分析股市的记忆性为制定投资决策提供帮助。但是股市所表现出来的发展规律具有一定的时效性，并非一成不变，股市的发展是随外部环境而不断发生变化的，是一个适应性过程，因此模型加入了代表“金融环境”的 4 类变量，重要经济数据的公布对股市收益具有正向促进作用，这也说明投资者对实体经济发展的关注，掌握确定的经济信息能够促使投资者更加自信地参与资本市场交易；而换手率展现出的非理性频繁交易也正是说明了投资者对股市的投资热情，尽管有对市场众多不确定性的担忧，但是积极地参与仍然是推动股市发展的动力。政策信息主要是对有关证券发行、流通和交易以及市场利率、货币流通等所做出的相关规定，积极的政策会刺激股市发展，但是本章的实证结果显示为负向的影响；原因可能在于，我国市场还处于起步阶段，与较成熟市场相比还不够完善，投资者并不能准确预测市场对该类信息能够做出何种反应，这种不确定性导致投资者决策偏差，不利于股市发展。此外，稳定的社会政治环境会对经济和股市发展提供良好的平台，投资者也越来越发现不管是国内还是国外的政治变化都最终会体现在生产生活的各个方面，良好的政治事件会提高人们对资本市场的预测，如外交关系的改善会提升对外资企业的期望，但是大部分事件的发生会让投资者对未来发展持观望态度，如政府换届，而突发事件和政治丑闻往往是负面的影响，因此其对股市所产生的直接或间接影响或许会被弱化，所以政治事件对股市影响的显著性并不一致。另外，分时段的对比分析中，本章构建的模型能够捕捉到市场表现的差异，在市场无效期间，模型能够有效识别收益序列的记忆特征以及波动的聚集性；而在市场相对有效的阶段，这部分特征则并不显著，进一步验证能够体现理论特征，具有可靠性和有效性。

在波动率预测研究中，适应性市场假说下的波动率模型获得了比传统模型更好的预测精度，且 AMH-FIGARCH 的拟合精度在多数损失函数下均获得了最佳效果，因此也进一步证实，考虑了适应性市场特征的波动率模型对股市预测和投资决策的制定具有一定的实际价值。

5 基于适应性市场假说的我国股票市场风险测度研究

5.1 金融市场风险概述

5.1.1 金融风险的定义和分类

风险，由于其存在于社会生产活动的所有环节，并且不会受到时间、地点和具体形式的限制，因此已经成为社会生产和经济活动的一个内在基本属性。Lyman（1928）早在20世纪初期就对风险做出过相应的描述，Lyman认为风险是指事物在未来的发展过程中会出现某些情况的可能性，确切地说是事物发生不利后果的可能性。而后的另外一种说法则认为风险更像是一种不确定性的概念，而人们对不利事件是否会发生的不确定性更加感兴趣，包括会不会发生、什么时候发生、会以怎样的形式发生以及这种不利事件可能会造成怎样的后果等。本章对风险概念和具体含义的理解如下：按照概率论中的思想，风险其实是一个包含了发生不利事件的概率以及不利事件结果的随机过程。按照这种理解方式，首先，风险是一个动态的概念，不同时间、不同背景下，人们所面对不利事件的可能性以及损失值都会发生改变；其次，风险是一个与人们既定目标有关的相对变量，不利事件既可能发生在获利阶段，也可能发生在亏损阶段，风险指的是与既定目标之间所存在的偏误；另外，风险的随机性证实其本质特征是不确定，当人们所面对事物的未来发展已经确定时，即便造成了损失，也并不包含在风险的范畴内。

金融风险是整个风险范畴的一个方面，特指经济参与体在从事资金融通相关业务过程中遭受损失的可能性。在经济水平高速发展的当前，货币化水平不断深化，金融领域所存在的风险也不可避免。金融风险具有客观存在性和可控性，并且与收益呈正相关关系，这也促使人们勇于承担更高的风险来获取额外的高收益。

与社会生产活动一样，金融活动的发生也必然离不开风险的参与，并且由于金融在整个社会生活中的重大作用和影响，对金融风险理论和应用的研究显得更加重要。现有研究中涉及的金融风险主要来源于市场、信用和操作三个方面。

（1）来源于信用的风险主要发生在债权债务关系中，是金融机构主要面临的一类风险，即债务人由于人品、信用或者经济状况等原因对债权人不能实现其本息所造成的损失。信用风险中包含一类特殊的类型，即主权信用风险，是一种涉及到国家之间信贷关系的金融风险。

（2）来源于市场的风险是指在风险资产的交易过程中形成的风险，主要指金融机构由于风险资产的价格变化而引起其所持资产总额发生变动的风险，而资产价格主要包括市场利率、汇率、有价证券价格以及实物商品价格等。这种风险与机构对未来市场行情的预期有非常大的关系，错误的预期往往会带来灭顶之灾。历史上比较典型的一个事件即著名的“黑色星期一”，由于对市场预期的错误造成股市损失惨重。

（3）操作风险是指金融机构管理层在管理程序、管理机制或管理环节中出现纰漏给金融机构带来的风险，如内部稽核监管制度执行不到位、银行经营管理人员违规经营以及业务处理系统不完善造成的风险损失等。

（4）流动性风险，各种风险发展到最后往往引发流动性风险，即银行或其他金融机构不能正常支付债务的风险，严重的流动性风险会触发挤兑，造成银行破产。

5.1.2 市场风险度量方法概述

风险管理工作中最重要的一个环节即为风险度量，因为从对风险的认识到对风险的控制和监督都需要一个明确的参考目标。风险度量的工作相当于将风险这个随机变量与确定的数字集合建立起一一对应关系，也就是找到一种对应的规则，给所有以某种概率在未来时间出现的不确定情况都赋予一个确定的数值，进而可以让参与者更加简单明了地了解市场状况。风险度量应用到金融领域一般针对市场风险，即对市场投资者所持有资产的未来收益进行的衡量。将原本模糊的概念用数据给出，能够简化风险管理工作，使其目标更加明确可行，因此量化风险已成为风险监管的主要手段。

5.1.2.1 风险度量的起源

最早提出对风险度量采用均值方式的学者是 Tetents（1789），Tetents 是一位致力于保险业务的专家，因此该思想首先应用于阐述保险业的风险问题。Fisher（1896）提出强调预期收益与收益之间相互关系的定量化期限结构理论，可以认为是对未来不确定性所进行的初步探讨。随后，Fisher（1906）对此类问题又做出了进一步的突破，率先提出低于某目标收益时的风险更加实际的思想，即损失风险，也是现在研究中“下侧风险”的思想萌芽。这些研究均是早期的一些代表性作品，提出了极具创新性的观点，但是由于过多关注在定性的思想描述方面，因此也只是作为风险研究的起源，为后来的诸多研究做了很好的基础铺垫。

5.1.2.2 方差法度量金融风险

（1）首先将统计学中期望和方差引入金融学研究的学者是 Markowitz（1952），他提出投资的风险可以用收益率的方差来度量，进而在风险定量化的基础上实现投资数量化的可能。以方差衡量市场风险的公式为：

$$V_\sigma = \sigma^2 = \sum_{i=1}^{n} p_i \cdot [r_i - E(r)]^2 \tag{5-1}$$

式中，σ^2 为方差，用以衡量市场风险大小；r_i 为第 i 种情况下的潜在收益；p_i 是 r_i 发生的概率值大小；$E(r)$ 为潜在的期望收益。

方差的概念为人们所熟知，更加容易理解，此外并不需要做大量繁琐的工作，因此使用方差来衡量风险大小极具适用性。

不过随着人们研究工作的不断发展，此方法也暴露出了一些弊端，如：1）该方法要求收益率序列服从正态分布，但这显然与实际情况有很大的出入。在后来的研究中证实，资产收益并不是完全的正态分布，通常具有显著的有偏和胖尾的特征，因此通过确定收益的分布，进而确定收益统计特征、明确投资风险的做法就有失妥当。2）方差衡量了收益率与期望收益率之间的偏离程度，用此方法度量的风险包括了正负偏差，这就与投资者的一些真实心理感受不相符。投资者对风险的理解是他们所做的投资未能实现其事先预定的目标收益的程度，即他们对期待中的目标收益遭受多大的损失表现出更大的关注度，而对于正向的收益则通常不在风险考虑范围内。

（2）为了解决这些弊端，学者一直在寻找更好的方法来度量风险。Roy（1952）主张安全原则，即将能够保证投资者基本生存的价值作为安全线，而价值低于该值时的概率作为衡量风险大小的标准，这种分析思路对金融风险管理研究有重要的指示作用。

下侧风险度量即是给定一个特定的收益率，计算风险时只考虑低于该值的收益率，着重考察的是收益分布的左边，即损失边在风险构成中的作用。投资风险可表示为：

$$LPM_n = \sum_{r_i=-\infty}^{T} p_i(T - r_i)^n \tag{5-2}$$

式中，T 为目标收益率；n 为常数，$n = 0, 1, 2$；LPM_n 的具体含义会随 n 的变化而有所差异，LPM_2 为目标半方差，具体代表资产收益与 T 之间离差平方的加权值，LPM_1 可以衡量某一侧偏离 T 的资产收益率均值，LPM_0 为资产收益率小于 T 的概率。

由于 LPM_n 只关注小于目标收益的分布情况，这与现实投资中普遍厌恶损失的情况接近，因此更加贴近现实地反映了投资者对待收益和损失的态度。不过该方法在应用过程中仍然存在一定的局限性，如有收益率分别为（-2，1）、（-1，1）的两个方案 A 和 B，每种情况发生的可能性相同，目标收益为 1，则 $LPM_{oA} = LPM_{oB} = 1$，由此结论可以说明两个方案面临相同的风险，但 B 方案的风险实际要小。此外，由于需要首先确定目标收益，因此该方法带有一定的主观性。

5.1.2.3 VaR 方法及其改进

为了能够更加明确所面临的损失风险，出现了被广泛应用的 VaR 方法，该方法由于综合考虑了发生概率及损失值而被人们普遍接受。1994 年，JPMorgan 投资银行在 RiskMetrics 系统中引入在险价值 *VaR*（Value-at-Risk）的概念，得到了国际金融理论和实业界的广泛认可，成为当时应用最广的总体金融市场风险的衡量方法，也得到了大量市场参与者的青睐。

VaR 方法的实质是在未来某一时间范围内和确定的置信水平下，某一风险资产可能产生的最大损失值。换句话讲，在某一时间段内，我们有（1-置信水平）的把握，能够确保资产组合不会获得大于 *VaR* 的损失值。若置信水平为 $1 - c$，则资产组合获取大于 *VaR* 值损失的概率为 c。*VaR* 可表示如下：

$$P(\Delta\omega > VaR) = c \tag{5-3}$$

式中，$\Delta\omega$ 为持有期内的损失；*VaR* 为在置信水平 $1 - c$ 下的最大期望损失。

如果事先给定一个置信水平为 95%，而投资者能够持有某种风险资产的时间为一年，则 *VaR* 的具体含义为，在未来的一年中，投资者有 95%的把握保证其拥

有 *VaR* 值大小的最大期望损失；或者说，有 5%的可能性该资产的期望损失将超过 *VaR* 值。

VaR 的具体数值与资产的期望价值 $E(\omega)$ 和某种置信水平的最低价值 ω^* 有关，三者之间的关系可以表示为：

$$VaR = E(\omega) - \omega^* \tag{5-4}$$

通过这种方式计算 *VaR*，需要提前确定好相关变量，置信水平的选择以及资产持有期限的确定具有一定的随意性，即根据投资者自身的承受能力进行主观选取；而资产可能出现的所有价值形式及发生概率的确定则相对复杂，需要通过已有历史数据进行估计，进而确定其具体分布形式以及密度函数 $f(r)$ 等相关信息。因此，计算 *VaR* 的问题被进一步转化，即在一定的置信度（c）下，首先确定资产收益的分布，然后在此分布形式上，找出最小收益率 r^*，满足：

$$\int_{-\infty}^{r^*} f(r)\,\mathrm{d}r = c \tag{5-5}$$

r^* 的数值是求解 *VaR* 的关键。若以 ω_0 表示资产组合的初始价值，μ 为持有期的期望收益，那么

$$E(\omega) = \omega_0(1 + \mu) \tag{5-6}$$

$$\omega^* = \omega_0(1 + r^*) \tag{5-7}$$

从而

$$VaR = \omega_0(\mu - r^*) \tag{5-8}$$

5.1.3 基于适应性市场假说的风险度量指标

在 VaR 测度方法的应用过程中，部分学者认为其对收益分布的尾部极端风险未能给予充分关注（Bouchaud 和 Potters，1999；Yamai 和 Youshiba，2005），并且不满足次可加性质（Artzner 等，1997），因此，许多学者（Bouchaud 和 Potters，1999；Yamai 和 Youshiba，2005；Robert 和 Hong，2009；Abderrahim，2009；Lennart 等，2010）认为 ES（excepted shortfall）风险测度更具优势。该测度方法是 Artzner 等（1999）率先提出的，Artzner 等将其设定为一种期望值，即资产损失可能大于在险价值（*VaR*）的期望值。王鹏、魏宇（2012）认为，与 VaR 方法相比，ES 风险测度能够更加全面地考虑到尾部的状况，并且满足次可加性质，因此该类风险测量值更真实地反映出了投资者的心理特征。

根据本书的理论，当假定收益率服从有偏学生分布（*Skt*）时，t 时刻的 *VaR* 如下（Christofferson，2003）：

$$VaR_t^q = \sigma_t \Phi_q^{-1} \tag{5-9}$$

式中，σ_t 为通过前文中的各种波动模型估计得到的数据；Φ_q^{-1} 为有偏学生分布的 q 损失分位数。

为了得出更加可靠的结果，此处选择 10%、5%和 1%三个分位数衡量适应性市场下的波动率测度，进而得出 *ES* 风险测度值及其精度。

根据 Artzner 等（1999）的研究，t 时刻 q 分位数水平下的 *ES* 测度值为：

$$ES_t^q = -E_{t-1}(r_t \mid r_t < -VaR_t^q) \tag{5-10}$$

由此，估计 *ES* 测度值可按以下步骤进行（McNeil 和 Frey，2000）：

首先，确定分位数 q 值，并将区间（0，q）进行 N 等分，从而得到包括 q 在内的 N 个分位数值（q/N，$2q/N$，…，q）；

其次，按照式（5-9）的方法，分别求出对应上一步骤所确定的 N 个分位数水平的 *VaR* 值（$VaR_t^{q/N}$，$VaR_t^{2q/N}$，…，VaR_t^q）；

然后，对上一步骤所得的 N 个 *VaR* 值求平均值，即为 *ES* 风险测度值，可以表示为：

$$ES_t^q = \left(\sum_{i=\frac{q}{N}}^{q} VaR_t^i \right) / N \tag{5-11}$$

5.2 实证分析

5.2.1 中国股市风险度量

本小节对上证综指和深证成指对数收益的 *ES* 测定值进行了样本内估计，为清晰起见，我们在图 5-1 中列出 5%分位数水平下基于 AMH-GARCH、AMH-GJR、AMH-IGARCH 和 AMH-FIGARCH 模型的 *ES* 值，其中“实心星号”为收益率 r_t。由图 5-1 可知，不同的波动率模型对风险值的测量差别不大，并且能够对尾部极端情况做出很好的捕捉。

为了更进一步精确分析其精度，我们需要对结果进行回顾检验，主要应用 Kupiec（1995）的失败率检验法。该方法的核心思想是计算估计值对实际值的覆盖程度，如置信水平为 α 的风险值，通过实际数据统计出的亏损超出风险值的概

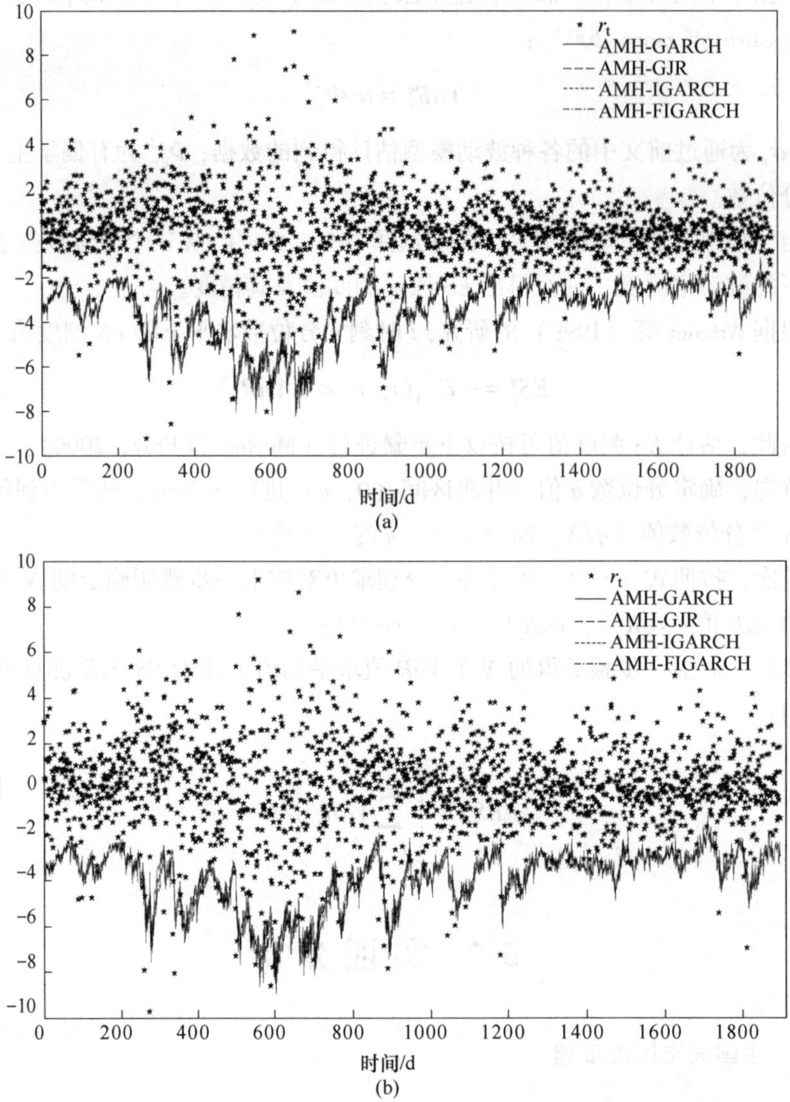

图 5-1　5%分位数水平下 *ES* 估计结果

（a）上证综指；（b）深证成指

率是否为 $1-\alpha$。置信水平为 α 时，Kupiec（1995）的 *LR* 统计量为：

$$LR = 2\ln\left[\left(1-\frac{T}{N}\right)^{N-T}\left(\frac{T}{N}\right)^{T}\right] - 2\ln[(1-p^{*})^{N-T}(p^{*})^{T}] \tag{5-12}$$

式中，N 为整个样本观测值数；T 为估计失败次数，即发生实际亏损大于估计风险值的情况次数；p^* 为估计失败的概率，$p=T/N$ 为实际数据的失败率。因此检验的原假设 H_0 为：$p=p^*$， 且 $LR \sim \chi^2(1)$。

为了与传统模型进行对比分析，回顾检验中同时考虑了基于 GARCH、GJR、IGARCH 和 FIGARCH 模型下传统测度的 ES 值。表 5-1 为各类模型在不同分位数下损失风险估计值的回顾检验结果。由表 5-1 可知，各类模型的风险估计值均通过了回顾检验，能够很好地反映实际数据的特征。以 1%的分位数水平为例，上证综指和深证成指的失败率均在［0.05，0.013］的范围内，由于我们只是考虑左尾的损失风险，因此正好可以与 1%相呼应，而似然比统计量检验的 P 值也均不能拒绝原假设，因此本章所选模型的估计结果可信，其他两种置信水平情况类似。与传统模型度量方式相比，适应性思想测度下的结果具有明显的优势：(1) 相同置信水平下，能够以更低的失败率对风险进行估计；(2) P 值在多数情况下比传统度量方式更大，因此更能确定估计结果的真实性；(3) 置信水平越高，估计结果越具有绝对优势，因为随着分位数水平的降低，基于适应性思想的 P 值与传统度量方式下的 P 值差距更加明显。因此，基于适应性市场假说思想的风险估计模型所得到的估计结果比较理想，充分体现了模型的优势。

表 5-1 不同分位数水平风险值的 LR 检验结果

项目	模 型	$ES=10\%$		$ES=5\%$		$ES=1\%$	
		N_F	P	N_F	P	N_F	P
上证综指	AMH-GARCH	0.059	0.875	0.033	0.984	0.005	0.770
	AMH-GJR	0.061	0.969	0.033	0.984	0.005	0.745
	AMH-IGARCH	0.057	0.722	0.030	0.544	0.004	0.795
	AMH-FIGARCH	0.061	0.991	0.033	0.984	0.006	0.630
	GARCH	0.101	0.712	0.050	0.365	0.012	0.255
	GJR	0.103	0.791	0.051	0.320	0.012	0.255
	IGARCH	0.101	0.564	0.048	0.441	0.011	0.206
	FIGARCH	0.103	0.299	0.051	0.638	0.013	0.310

续表 5-1

项目	模型	ES=10%		ES=5%		ES=1%	
		N_F	P	N_F	P	N_F	P
深证成指	AMH-GARCH	0.062	0.294	0.031	0.864	0.007	0.672
	AMH-GJR	0.064	0.954	0.032	0.445	0.006	0.696
	AMH-IGARCH	0.062	0.319	0.028	0.713	0.005	0.770
	AMH-FIGARCH	0.064	0.429	0.032	0.978	0.006	0.696
	GARCH	0.101	0.713	0.052	0.573	0.012	0.255
	GJR	0.099	0.828	0.053	0.861	0.012	0.255
	IGARCH	0.100	0.789	0.051	0.638	0.011	0.514
	FIGARCH	0.100	0.789	0.054	0.823	0.012	0.255

注：N_F 为失败率，P 为失败率所对应的 Kupiec 似然比统计量的 P 值。

此外，为了说明本章所述的风险测度方法在不同市场表现下依然有效，本节同样将样本区间分为两部分进行估计：2006~2010 年、2011~2013 年，分别对应于市场无效和市场有效的两个样本范围。表 5-2 列出四类 AMH 模型在不同时间段的 *ES* 检验结果，由表 5-2 可知，不同分位数水平下的各类 AMH 模型的风险估计值均通过了回顾检验，能够很好地反映实际数据的特征，因此所选模型在市场有效和无效时期的估计结果均可信。此外，相同置信水平下，各时间段的风险估计失败率并没有太大差异，但是 *P* 值的大小除了在 1%分位数水平下差别不大外，均在 2006~2010 年市场表现无效期间更大，即在市场无效期间有更大的把握确定估计结果的真实性，进一步验证了适应性思想测度下的结果体现了适应性理论特征，具有实用性、可靠性和有效性。

表 5-2 分时段不同分位数水平 *ES* 估计值的 LR 检验结果

项目	年份	模 型	*ES*=10%		*ES*=5%		*ES*=1%	
			N_F	P	N_F	P	N_F	P
上证综指	2006~2010	AMH-GARCH	0.063	0.661	0.035	0.655	0.007	0.745
		AMH-GJR	0.063	0.704	0.035	0.701	0.007	0.745
		AMH-IGARCH	0.059	0.888	0.031	0.854	0.004	0.839
		AMH-FIGARCH	0.064	0.993	0.033	0.765	0.007	0.745
	2011~2013	AMH-GARCH	0.053	0.451	0.031	0.248	0.004	0.870
		AMH-GJR	0.054	0.439	0.029	0.271	0.004	0.870
		AMH-IGARCH	0.056	0.451	0.034	0.205	0.004	0.870
		AMH-FIGARCH	0.053	0.451	0.031	0.248	0.004	0.870
深证成指	2006~2010	AMH-GARCH	0.063	0.557	0.030	0.899	0.007	0.745
		AMH-GJR	0.063	0.557	0.030	0.946	0.007	0.745
		AMH-IGARCH	0.061	0.809	0.026	0.864	0.005	0.807
		AMH-FIGARCH	0.062	0.515	0.030	0.442	0.007	0.745
	2011~2013	AMH-GARCH	0.060	0.265	0.031	0.248	0.006	0.828
		AMH-GJR	0.062	0.235	0.029	0.271	0.006	0.828
		AMH-IGARCH	0.066	0.984	0.032	0.225	0.007	0.785
		AMH-FIGARCH	0.050	0.811	0.022	0.411	0.006	0.828

注：N_F 为失败率，P 为失败率所对应的 Kupiec 似然比统计量的 P 值。

5.2.2 股市风险预测分析

2013 年 5 月至 2013 年 10 月 *ES* 测定值的预测结果如图 5-2 所示（以 5%分位数水平为例），各预测模型对股市未来极端风险情况做出了预测，由图可知各模型的预测结果差别并不明显。为了进一步衡量其预测精度和准确性，我们依然采用 5.2.1 中所介绍的 Kupiec 似然比检验法，得出表 5-3 的结果。

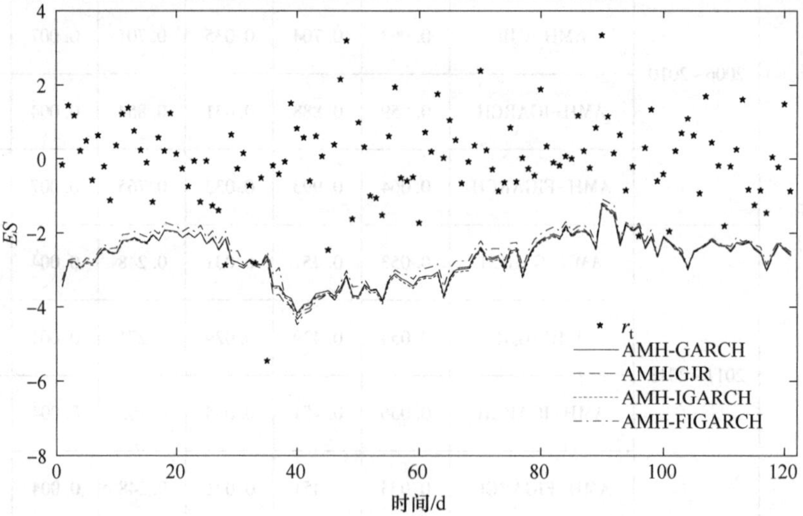

(a)

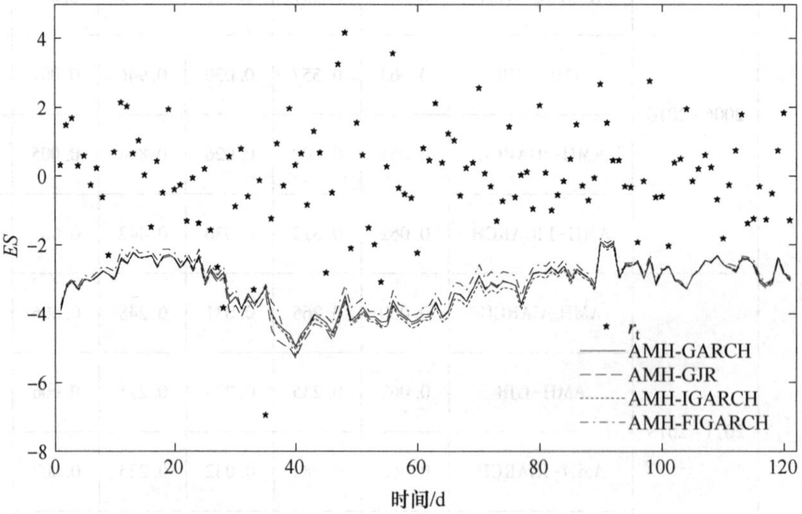

(b)

图 5-2 5%分位数水平下的 ES 预测结果

(a) 上证综指；(b) 深证成指

表 5-3 不同分位数水平风险预测值的LR检验结果

项目	模 型	ES=10%		ES=5%		ES=1%	
		N_F	P	N_F	P	N_F	P
上证综指	AMH-GARCH	0.050	0.427	0.025	0.695	0.008	0.897
	AMH-GJR	0.050	0.427	0.025	0.695	0.008	0.897
	AMH-IGARCH	0.050	0.427	0.025	0.695	0.008	0.897
	AMH-FIGARCH	0.050	0.427	0.025	0.695	0.008	0.897
	GARCH	0.091	0.325	0.041	0.509	0.008	0.897
	GJR	0.091	0.325	0.041	0.509	0.008	0.897
	IGARCH	0.083	0.222	0.041	0.509	0.008	0.897
	FIGARCH	0.099	0.419	0.041	0.509	0.017	0.794
深证成指	AMH-GARCH	0.050	0.275	0.017	0.794	0.008	0.897
	AMH-GJR	0.058	0.396	0.017	0.794	0.008	0.897
	AMH-IGARCH	0.058	0.396	0.017	0.794	0.008	0.897
	AMH-FIGARCH	0.058	0.396	0.017	0.794	0.008	0.897
	GARCH	0.083	0.344	0.041	0.175	0.008	0.897
	GJR	0.083	0.319	0.041	0.175	0.008	0.897
	IGARCH	0.091	0.325	0.041	0.175	0.008	0.897
	FIGARCH	0.091	0.325	0.041	0.175	0.017	0.794

注：N_F 为失败率，P 为失败率所对应的Kupiec似然比统计量的 P 值。

表5-3为各类模型在不同分位数下损失风险预测值的回顾检验结果。由表5-3可知，各类模型的风险预测值也均通过了回顾检验，所有情况下的 *P* 值均不能拒绝原假设，即模型预测结果真实可信。相比于传统预测方法，几乎所有基于适应性思想的预测模型的 *P* 值更大，即预测数据反映真实情况的可信度更高，同时，在同样的置信水平下仍然具有更低的失败率。预测结果中，同类模型在个别情况下预测差别不大，这也许与预测样本长度有关，但是运用适应性市场思想所构建的风险预测模型确实能够为市场提供更加可靠的信息。

5.2.3 实证结果分析

本节在第4章研究结果的基础上对中国股市的风险值进行了探讨，利用自回归分整移动平均（ARFIMA）捕捉收益序列的短期记忆和长期记忆，引入有偏学生分布（Skt）描述股市中存在的有偏、尖峰和厚尾特征，并加入代表金融市场环境的变量。为了避免 *VaR* 在测度风险时所存在的理论缺陷以及投资者的真实心理感受，我们采用更为重视尾部风险的 *ES* 风险测度指标，衡量超过 *VaR* 的期望损失值，并且与传统度量模型和方法进行对比分析。同时采用回顾检验中的Kupiec似然比方法来检验和分析所选模型的准确性和精度。结果表明，考虑了收益序列记忆性和有偏、尖峰和厚尾特征以及市场环境影响时，各风险模型均能更好地对市场风险进行度量；同时，对未来风险值进行预测的研究也表明，各模型能够得出比传统度量方法更为可靠的预测结果。因此本章所采用的方法和结论，具有很好的稳定性和实用价值，投资者能够以此作为制定投资决策的参考信息。

6

基于适应性市场假说的我国股市避险研究

6.1 适应性市场假说下股市风险规避的可行性分析

EMH 的另一个核心思想就是基于套期保值的市场有效，即如果市场投资者行为表现为非理性和随机性交易，则套期保值者的存在具有消除这种投资偏差的能力，使得价格即便产生了偏差也能够回归其基本价值，因此市场依然有效。但是实际市场的运行规律决定了套期保值的有限性和风险性。按照套期保值的操作原理，其对市场有效性产生作用的关键在于是否存在相似的替代投资产品（吴立源，2004），而我们知道除了期货、期权等金融衍生产品之外，大部分投资产品找不到近似的替代品，也就是说大多数情况下，作为有效市场最后保证的套期保值并不能使资产价格回归价值；并且在资产价格存在偏差的情况下，有风险的套利策略也削弱了其促使价格回归的能力。此外，由于资产价格偏差是围绕基本价值产生的，因此价格回归价值存在理论上的必然性。从适应性市场假说的角度来看，市场参与者对投资环境的适应能力具有差异，更早、更准确地适应环境的投资者容易获得更多的超额收益，而在其他投资者的效仿过程中，机会逐渐消失，市场表现为有效率；但是当环境发生改变、决策与环境不相适应时，价格又会出现偏差，并且这种偏差具有不确定性，新的机会又开始出现，并一直循环下去。因此即便找到能够完全替代的资产，未来资产价格不确定性所产生的变动基差同样制约了价值回归的过程，套利机会始终存在，对投资环境具有较快适应能力的投资者能够始终从中获益。

Chance（1989）在其著作中对传统套期保值理论做了进一步的升华，他认为套期保值是一种风险规避的行为，也是为了在此基础上获取最大收益。相比于传统的理论，现代套期保值的实质是：（1）套期保值资产的选择面更广，只要投资产品间具有某种相关或相似性，投资者都可以选择在它们之间进行套期保值的操作；（2）套期保值的过程中，投资者的买卖方向以及买卖数量均应该具有很强的灵活性，以方便操作；（3）市场参与者可随市场的变动自主选择参与套期保值的时机和价格。由此可见，现代意义的套期保值已经不仅仅局限于简单的风险规避，更为市场参与者提供了一种新的投机方式，投资策略随市场变动而出现的灵活和可变性也正是体现了我们强调的适应性市场假说思想。

同时，套期保值的主要问题是确定避险比率，而现有文献的研究前提主要是有效市场所强调的投资者为理性人假设，以追求风险最小化的避险比率为主（Haigh 和 Holt，2002；Lien，2002；Bystrom，2003；Lee 等，2006），很少考虑到投资者会由于受到外界环境变动的影响而出现不同的适应性心理。投资者对投资环境的适应程度会影响其避险决策，而根据我们前面的分析，动态风险厌恶系数能够直接体现投资者的认知在与投资环境相适应的过程中对待证券市场风险和收益的态度变化，因此将其引入现代避险问题的研究也体现了适应性市场假说的思想，也是从追求风险最小化到兼顾风险和收益的效用最大化的一种突破。

6.2 避险比率与避险效率的界定

6.2.1 避险比率的界定

避险比率是指用于规避风险的资产价值与所保值的资产价值的比率。对于利用金融资产进行套期保值的投资者来说，最优避险策略的收益可表示如下：

$$R_H = r_s - \beta r_f \tag{6-1}$$

式中，R_H 为避险组合的收益；r_s 为需要风险规避的资产收益；β 为避险比率；r_f 为选择用于避险的资产收益。

避险研究的重点在于确定最优避险比率，而所谓“最优比率”的确定可遵循的原则有两种：风险最小化（MVHR）和效用最大化（MUHR）。采取效用最大化原则时，需要选择效用函数的形式，此处选择投资者的效用函数为二次效用函数：$U(w) = w - \lambda w^2$，此时我们可以推导出满足效用最大的避险比率为：

$$\beta = \frac{E(r_{ft})}{2\lambda\sigma_{ft}^2} + \frac{\sigma_{sft}}{\sigma_{ft}^2} \tag{6-2}$$

式中，w 为财富水平；$E(r_{ft})$ 为避险资产的期望收益；σ_{ft}^2 为避险资产收益的方差；σ_{sft} 为避险资产和被保值资产收益的协方差；λ 为风险厌恶系数，可依据 2.3.1 节方法计算求得。

式（6-2）体现了投资者对风险的态度，当风险厌恶逐渐增加至无限大时，式（6-2）就演变为：

$$\beta = \frac{\sigma_{sft}}{\sigma_{ft}^2} \tag{6-3}$$

即当投资者绝对不能接受风险时，效用最大化避险与风险最小化避险等价。但是，现实生活中投资者对风险的态度并非绝对厌恶，因此同时引入两类避险比率进行对比分析。与式（6-1）相对应，未经避险的投资收益为：

$$R_U = r_s \tag{6-4}$$

6.2.2 避险效率的界定

在已知避险组合收益的情况下，利用避险组合收益的期望效用来检验避险策略的表现。避险效率计算如下：

$$HE = EU_H - EU_{UH} \tag{6-5}$$

式中，EU_H、EU_{UH} 分别为参与避险组合与非参与避险组合收益的期望效用，$EU = E(R_{pt}) - 0.5(\lambda\sigma_{pt}^2)$；$E(R_{pt})$ 为参与避险组合的收益；σ_{pt}^2 为参与避险组合收益的方差（Sharpe，1991）。

这种衡量方式以期望效用准则为基础，通过比较避险前后的效用变化来检验避险的表现，*HE* 越大，表示避险给投资者带来的效用增加越多，避险比率越精确，避险策略表现越好。

6.3 避险比率的估计

6.3.1 估计模型

本小节采用 OLS 和 VAR-MVGARCH 两个模型分别来衡量静态和时变的避险比率。

6.3.1.1 OLS 模型

OLS 方法相对比较简单，主要思路是做被保值资产收益对避险资产收益的回归，见式（6-6）。其中回归系数代表风险最小化的避险比率，R^2 代表风险最小化下的避险效率。效用最大化避险比率按照式（6-2）得出。

$$r_s = \alpha + \beta r_f + \varepsilon \tag{6-6}$$

6.3.1.2 VAR-MVGARCH 模型

由于 VAR-MVGARCH 模型可以衡量收益率序列的 ARCH 效应，因此本小节选取 VAR-MVGARCH 模型对时变避险比率进行估计，具体如下：

$$\begin{aligned} r_{st} &= \alpha_s + \sum_{i=1}^{k}\beta_{si}r_{st-i} + \sum_{j=1}^{l}\gamma_{fi}r_{ft-j} + \varepsilon_{st} \\ r_{ft} &= \alpha_f + \sum_{i=1}^{k}\beta_{fi}r_{ft-i} + \sum_{j=1}^{l}\gamma_{si}r_{st-j} + \varepsilon_{ft} \end{aligned} \tag{6-7}$$

$$\begin{bmatrix} h_{ss} \\ h_{sf} \\ h_{ff} \end{bmatrix}_t = \begin{bmatrix} C_{ss} \\ C_{sf} \\ C_{ff} \end{bmatrix}_t + \begin{bmatrix} \alpha_{11} & \alpha_{12} & \alpha_{13} \\ \alpha_{21} & \alpha_{22} & \alpha_{23} \\ \alpha_{31} & \alpha_{32} & \alpha_{33} \end{bmatrix} \begin{bmatrix} \varepsilon_s^2 \\ \varepsilon_s\varepsilon_f \\ \varepsilon_f^2 \end{bmatrix}_{t-1} + \begin{bmatrix} \beta_{11} & \beta_{12} & \beta_{13} \\ \beta_{21} & \beta_{22} & \beta_{23} \\ \beta_{31} & \beta_{32} & \beta_{33} \end{bmatrix} \begin{bmatrix} h_{ss} \\ h_{sf} \\ h_{ff} \end{bmatrix}_{t-1} \tag{6-8}$$

式中，h_{ss}、h_{ff} 分别为 ε_{st}、ε_{ft} 的条件方差；h_{sf} 为 ε_{st}、ε_{ft} 的协方差。

若只考虑方差矩阵的对角元素，而假设条件方差之间的相关性为常数（Bollerslev 等，1988），则 h_{ss}、h_{ff} 和 h_{sf} 的表达式可变换为：

$$\begin{aligned} h_{ss,\,t} &= C_{ss} + \alpha_{ss}\varepsilon_{s,t-1}^2 + \beta_{ss}h_{ss,t-1} \\ h_{sf,\,t} &= C_{sf} + \alpha_{sf}\varepsilon_{s,t-1}\varepsilon_{f,t-1} + \beta_{sf}h_{sf,t-1} \\ h_{ff,\,t} &= C_{ff} + \alpha_{ff}\varepsilon_{f,t-1}^2 + \beta_{ff}h_{ff,t-1} \end{aligned} \tag{6-9}$$

其中，时变避险比率为：

$$\beta = \frac{E(r_{ft})}{2\lambda_t h_{ff,t}} + \frac{h_{sf,t}}{h_{ff,t}} \tag{6-10}$$

6.3.2 估计方法

计算避险比率需要已知 $E(r_{ft})$、λ、σ_{sft} 和 σ_{ft}^2，其中 λ（2.3.1 节 CRRA）的估计以避险组合的收益为基础，因为避险者是被保值资产的长期持有者，假设此时避险比率为 0，即 λ 的估计依赖于被保值资产收益（Cotter 和 Hanly，2010）。静态避险比率参照前面介绍的 OLS 方法进行，相对比较简单；而时变避险比率中，为了更加准确地反映中国股市投资者的风险厌恶程度，在估计时变 λ 时，采用固定样本长度的滚动时间窗估计，由此可以得到样本内最优避险比率；对于样本外估计，采用超前一期预测方法，假设 $E(r_{ft})$、λ 服从 $AR(1)$ 过程，而 σ_{sft} 和 σ_{ft}^2 则采用 *MVGARCH*（1，1）模型进行预测。因此，本章在做实证分析时将总体样本分三部分：前 200 个收益数据用作估计样本，中间 534 个样本用作样本内估计，后面 121 个样本用作样本外预测。

6.4 利用股指期货避险的实证研究

本节采用上证综合指数（SZZ）、深证成份指数（SCZ）和股指期货（IF）数据作为样本，样本区间选择股指期货上市首日 2010 年 4 月 16 日至 2013 年 10 月 31 日，共 855 个交易日，数据来源于招商证券系统。

记 $I_{sz,\ t}$、$I_{sc,\ t}$ 分别表示上证综合股价指数和深证成份股价指数第 t 天的收盘价，$I_{f,\ t}$ 表示沪深 300 股指期货第 t 天的收盘价，则股价指数日收益率 $R_{sz,\ t}$、$R_{sc,\ t}$ 和股指期货日收益率 $R_{f,\ t}$ 计算如下：

$$
\begin{aligned}
R_{sz,\ t} &= 100 \times (\ln I_{sz,\ t} - \ln I_{sz,\ t-1}) \\
R_{sc,\ t} &= 100 \times (\ln I_{sc,\ t} - \ln I_{sc,\ t-1}) \\
R_{f,\ t} &= 100 \times (\ln I_{f,\ t} - \ln I_{f,\ t-1})
\end{aligned}
\tag{6-11}
$$

6.4.1 风险厌恶系数的估计

风险厌恶系数是效用最大化避险问题的一个重要变量，本小节利用 2.3.1 的方法对样本在该时间段的风险厌恶系数进行衡量。针对我国证券市场的实际数据，得出上证综指和深证成指的静态 *CRRA* 结果分别为-0.045 和-0.019；而时变 *CRRA* 结果如图 6-1 所示，对其的描述性统计见表 6-1。由结果可以看出 *CRRA* 大部分时间为负值，正如之前我们所描述的，这种现象说明投资者表现出了一定程度的风险偏好，同时也说明在我国股票市场中，并不符合投资者都是风险回避的有效市场假说。出现这种现象的原因可能在于投资者针对不同的投资环境表现出的情绪也会大有不同，进而造成投资决策的差异。比如，当投资者所持资产的现状是获益时，就会厌恶市场的过度波动，而且由于恐惧波动会降低自己的资产，往往会尽快出手实现利润；但是当投资者所持有的资产处于亏损状态时，投资者则不会急于出手，并且期盼市场波动的加剧，以期会出现可以扭亏为盈的机会，表现出的结果即是人们对风险的一种高承受力，或者说风险偏好。而在所选的样本区间中，上证综合指数与深证成份指数收益显示整体形势并不太好，大部分时间处于一种负收益状态，因此所得出的 *CRRA* 结果与实际情况比较吻合。

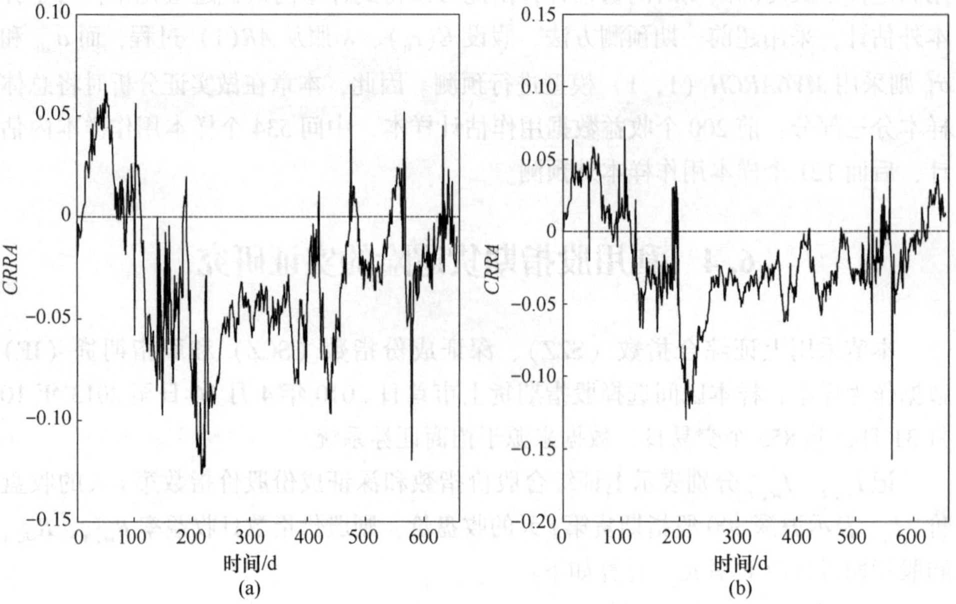

图 6-1 股票市场时变 *CRRA*

（a）SZZ；（b）SCZ

表 6-1 *CRRA* 序列的基本统计特征

项 目	指数	均值	标准差	最小值	最大值
样本内估计	SZZ	−0.032	0.039	−0.126	0.066
	SCZ	−0.023	0.035	−0.130	0.072
样本外估计	SZZ	−0.013	0.023	−0.120	0.051
	SCZ	−0.004	0.025	−0.157	0.041

6.4.2 最优避险策略

6.4.2.1 OLS 估计

采用普通最小二乘法得出的常数避险比率结果见表 6-2。参与者每持有 1 单位的上证综指和深证成指股价指数资产，在追求风险最小化情况下，需分别卖空0.808和0.985单位股指期货；而在追求效用最大化情况下，则需分别卖空1.062和1.599单位股指期货。加入*CRRA*后的*MUHR*比*MVHR*提高了25个百分点和61个百分点，说明引入人们对风险的态度，确实对计算投资者最优避险比率起到了很大的影响。

表6-2 OLS估计的避险比率

统计量	*MVHR*	*MUHR*
SZZ	0.808	1.062
SCZ	0.985	1.599

6.4.2.2 VAR-MVGARCH估计

VAR-MVGARCH模型既考虑收益序列的自回归过程，又考虑收益波动的时变性，得出的时变避险比率中，去掉了*MUHR*中超过20的奇异值，原因是这样的超高避险比率不具有特殊的代表性，并对整体趋势分析不利。由VAR-MVGARCH模型得出的避险比率统计性质见表6-3，*MUHR*与*MVHR*的直观对比如图6-2所示。

表6-3 时变避险比率的基本统计特征

项　目	指数	避险比率	均值	标准差	最小值	最大值
样本内估计	SZZ	*MVHR*	0.814	0.036	0.697	0.857
		MUHR	1.201	0.683	-4.924	6.550
	SCZ	*MVHR*	1.021	0.040	0.810	1.079
		MUHR	1.414	0.694	-7.827	3.820
样本外估计	SZZ	*MVHR*	0.809	0.048	0.5133	0.914
		MUHR	0.709	2.133	-11.992	8.057
	SCZ	*MVHR*	0.987	0.070	0.626	1.071
		MUHR	1.056	1.415	-4.903	9.087

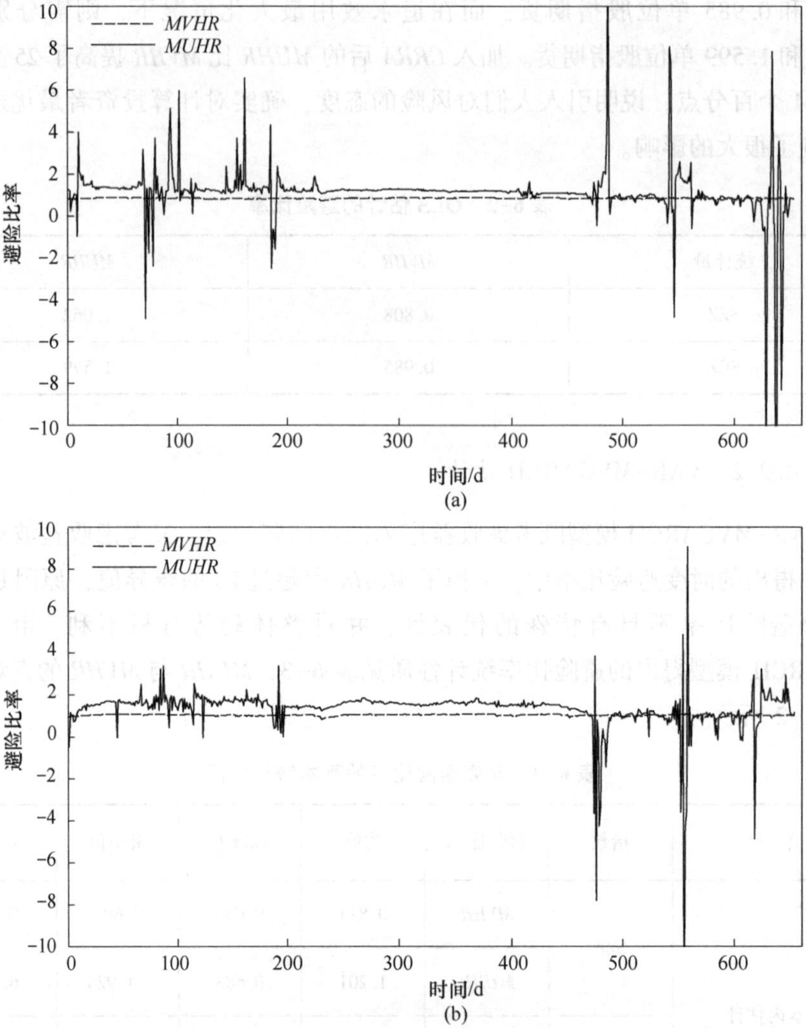

图 6-2 沪深 300 股指期货合约的最优避险比率

（a）上证综指股价指数；（b）深证成指股价指数

样本内估计中，上证综指股价指数和深证成指股价指数的 *MVHR* 和 *MUHR* 的均值分别为 0.814、1.201 和 1.021、1.414，与静态避险比率的 0.88、1.062 和 0.985、1.599 相差不大；*MUHR* 的波动幅度更大些，且数值大部分时间高于 *MVHR*，这也体现出市场参与者随外界环境变化而对风险态度的转变也会导致投资策略的大幅调整；而样本外估计的平均避险比率值相对小些，波动幅度也有所上升。

大部分 *MUHR* 高于 *MVHR*，这与 OLS 估计结果一致，说明投资者按照时变避险比率制定的避险策略中，一单位的股价指数需要更多的股指期货规避风险。避险比率的波动表明投资者避险行为的灵活性，可通过不断调整自己在期货市场的头寸来获取理想的投资效果；负的避险比率代表投资者在期货和现货市场做同方向的操作，原因有可能是两个市场在短期内具有负的相关性。

6.4.2.3 最优避险效率

为了进一步比较 *MVHE* 和 *MUHE* 的表现，我们对比了不同避险组合的避险效率。依据前面介绍的理论，利用避险期望效用与非避险期望效用的差值衡量避险策略的总体表现，此处 λ 分别取静态 *CRRA* 以及动态 *CRRA* 的均值，不考虑交易成本的影响（Laws 和 Thompson，2005；Cotter 和 Hanly，2010；Chang 等，2010）。

对于避险组合收益的统计描述以及避险效率见表 6-4。对比最小方差和最大效用标准下的避险效率，可以看出无论是样本内估计还是样本外预测，加入风险厌恶指标的避险策略确实能够在收益和风险的博弈中获取更多的效用，且避险收益高于只关注风险最小化的避险收益。

表 6-4 避险组合收益和避险效率

指数	项目	模型	避险组合	收益均值	收益标准差	*EU*（避险）	*EU*（非避险）	*HE*
SZZ	样本内估计	OLS	*MVHR*	−0.013	0.311	−0.011	−0.028	0.016
			MUHR	0.0002	0.430	0.004	−0.028	0.032
		VAR-MGARCH	*MVHR*	−0.011	0.094	−0.009	−0.036	0.026
			MUHR	0.011	1.203	0.304	−0.036	0.339
	样本外估计	OLS	*MVHR*	0.007	0.013	0.007	−0.001	0.008
			MUHR	0.209	0.414	0.014	−0.001	0.015
		VAR-MGARCH	*MVHR*	0.014	0.209	0.014	−0.005	0.019
			MUHR	−0.099	3.476	0.050	−0.005	0.055

续表 6-4

指数	项目	模型	避险组合	收益均值	收益标准差	*EU*（避险）	*EU*（非避险）	*HE*
SCZ	样本内估计	OLS	*MVHR*	-0.022	0.010	-0.020	-0.056	0.036
			MUHR	0.553	1.887	0.018	-0.056	0.074
		VAR-MGARCH	*MVHR*	-0.018	0.471	-0.015	-0.052	0.037
			MUHR	0.004	0.971	-0.017	-0.052	0.035
	样本外估计	OLS	*MVHR*	-0.001	0.389	-0.001	-0.059	0.058
			MUHR	0.017	0.900	0.004	-0.059	0.063
		VAR-MGARCH	*MVHR*	-0.005	0.406	-0.005	-0.019	0.014
			MUHR	-0.067	1.671	0.258	-0.019	0.277

以上证综合指数的避险情况为例，在样本内估计中，由表 6-4 可知：(1) *MUHR* 的表现要比 *MVHR* 表现更好。OLS 估计中 *MUHR* 避险效率为 0.032，高于 *MVHR* 的 0.016；VAR-MVGARCH 模型估计中 *MUHR* 避险效率为 0.339，同样高于 *MVHR* 的避险效率 0.026；但是，如果单纯以风险最小化为标准，则由标准差的值可知，*MVHE* 表现则更好一些。(2) *MUHR* 避险组合平均收益高于 *MVHR* 避险组合。例如，静态 *MUHR* 避险组合的期望收益为-0.0002、时变 *MUHR* 避险组合的期望收益为 0.011，分别高于相应 *MVHR* 避险收益-0.013、-0.011。(3) 时变避险策略表现优于常数避险策略，运用 VAR-MVGARCH 模型估计得到的时变避险比率策略的避险效率高于 OLS 模型所得出的结果。

对于样本外预测的结果，得出：(1) OLS 模型中，*MUHR* 表现更好，避险效率为 0.015，高于 *MVHR* 的 0.008；且避险组合的期望收益 0.209 也高于 *MVHR* 的 0.007。(2) VAR-MVGARCH 模型中，*MUHR* 的表现则差强人意，尽管避险效率的结果显示 *MUHR* 表现更好，但避险组合的期望收益为负值-0.099，低于 *MVHR* 的 0.014。(3) 运用 VAR-MVGARCH 模型估计的两种标准下的避险比率依然优于 OLS 模型；此外，若遵循风险最小化准则，*MVHR* 则更占有优势。同理，对于深证成份指数价格的避险情况也存在相同的特征。

静态和时变避险比率对应的避险组合收益情况如图 6-3 和图 6-4 所示。尽管样

本外预测中时变 *MUHR* 避险策略得出期望收益值结果并未优于 *MVHR* 避险策略，但由于 *MUHR* 避险组合收益序列波动较大（*SD*=3.476 和 *SD*=1.671），而 *MVHR* 组合的波动较小（*SD*=0.209 和 *SD*=0.406）。对于综合考虑收益和风险的投资者来讲，*MUHR* 避险策略若操作得当，把握好买卖时机，则更有获益空间；而 *MVHR* 组合则因为其收益围绕 0 值波动很小，在无风险的情况下，获益可能也非常小。

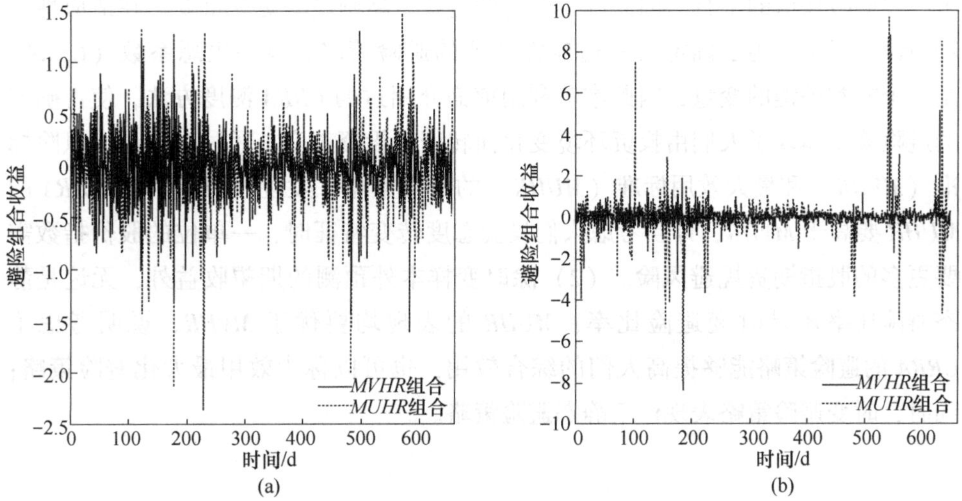

图 6-3　上证综指股价指数最优避险组合收益

（a）OLS 模型；（b）VAR-MVGARCH 模型

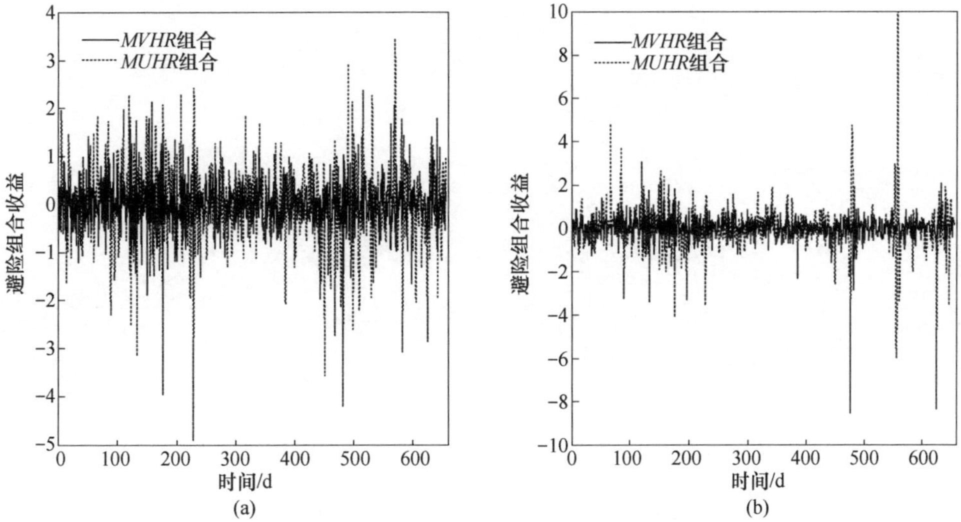

图 6-4　深证成指股价指数最优避险组合收益

（a）OLS 模型；（b）VAR-MVGARCH 模型

6.4.3 小结

中国是一个发展较为迅速的新兴资本市场，这意味着相对于发达国家的成熟市场而言，中国投资者将会面对一个更为纷繁复杂、变化莫测的投资环境；而2010年新推出的股指期货除提供了一种新的投资产品外，更为广大投资者提供了一种避险保值的工具，因此确定合适的避险策略则显得更为重要。在适应性市场假说思想下，为了确定具有适应性特征的避险策略，风险厌恶系数（*CRRA*）是一个非常关键的变量，因此本节利用前面介绍过的 *CRRA* 测度方法，使得确定的避险策略体现了人们由投资环境变化而转变的投资态度。通过对比最小风险标准（*MVHR*）和最大效用标准（*MUHR*）的避险策略，发现：(1) 考虑 *CRRA* 的 *MUHR* 要高于 *MVHR*，即当考虑人们投资态度转变特征时，一单位的股价指数需要更多的股指期货规避风险。(2) 除时变样本外预测的期望收益外，无论是静态避险比率还是时变避险比率，*MUHR* 的表现均要优于 *MVHR*，说明考虑了 *CRRA* 的避险策略能够提高人们的综合效用，也可以称为效用最大化避险策略；同时，时变避险策略表现优于静态避险策略。

7

结　　论

本章主要对本书研究内容进行总结，提炼出本书的主要创新之处，并进一步思考了适应性市场假说的未来研究和发展方向。

7.1 主要结论

有效市场假说（efficient market hypothesis，EMH）自1970年正式提出以来，接受了大量学者的研究和论证，进而以其理论的严谨性成为现代金融研究的基石，现代金融研究的理论大部分都是建立在有效市场假说之上的。但是，在面对20世纪80年代以来发现的众多金融市场异象时，有效市场理论却无法给出合理的解释，使人们意识到其并非绝对完备的真理。基于此，学术界开始出现对EMH理论的质疑，并试图从各种角度去寻求更加合理的解释方案，如金融噪声交易理论、分形市场假说、协同市场假说等，但到目前为止，真正对传统金融理论提出有力挑战的只有行为金融学。不过发展至今，尽管行为金融理论对金融研究与决策的制定更加贴近现实，由于其一直未能形成其特有并完整的理论体系，行为金融理论始终无法取代EMH在金融领域的核心地位。

基于此，本书借鉴Lo（2002，2004）和Farmer（1999，2002）等学者在EMH与行为金融理论分歧与争论基础上所提出的观点，利用达尔文的“生物进化论”思想，进一步从适应演化的角度研究金融领域的适应性市场假说（adaptive markets hypothesis，AMH）。在不否认EMH的分析模式及其所强调的理性参与者前提下，强调理性是一个相对概念，是与外部环境相关联和不断变化的理性，参与者的行为会由于环境的改变而表现出非理性，又会由于不断适应环境而使非理性逐渐消失。开展了一系列的应用研究，总结如下：

（1）对有效市场假说和行为金融理论的内容进行梳理，分析其异同，同时搜集生物进化理论在金融市场上的相关应用研究。在此基础上，导出适应性有效市场假说，对该假说的内涵进行阐述，并提出其应具备的特征以及适应性市场有效的概念。将上述各理论进行对比分析，了解适应性市场假说的整合作用，并阐述其在金融研究中具备的合理性和优势。

（2）实证分析我国股票市场的非理性异常现象，非理性现象的存在引起了对有效市场假说的挑战，也是适应性市场假说产生的意义所在。通过对市场非理性指标的分析，远远超出正常水平的高换手率表明我国股市整体存在非理性行为，投资者更加倾向于根据自身主观判断进行短期操作，存在较大投机性，初步判定了我国股市存在有限理性现象。此外，依据中国市场的特点，分别对中国股市中存在的风险厌恶、热炒新股以及文化冲击等因素引起的股价波动异常现象进行实证分析，并重点研究了具有中国特色的文字偏好影响，分析其形成的内在规律。

结论显示，中国股市投资者并非完全的风险规避，投资者对待风险的态度是随投资环境而变化的，有效市场假说所强调的风险厌恶只适用于投资者面对盈利状态的情况，在面对亏损状态时，投资者表现出较高的风险承受力，即风险偏好的特征；股市存在热炒新股的现象，初始收益过高很大程度上是由于新股上市价格被严重高估所导致的，后市存在非理性的盲目推崇；统计分析和回归分析均证实，在中国股市，文字确实能够对投资者的投资心理产生影响，并存在吉祥文字股票价格贵、收益高的现象。

（3）在对适应性市场假说的概念进行界定以及确定检验准则的基础上，针对中国股票市场的实际情况，实证分析了其适应性市场特征。运用自动混合检验、修正 R/S 模型、LW 模型等对市场有效性进行检验，探讨股市有效性指标的不确定性，分析其发展变化的特征。运用几类对波动率估计有不同侧重点的均值 GARCH 模型（IGARCH-M，GJR-M，APARCH-M），验证股市收益与风险关系的存在和时变性。结合经济、社会、文化和自然环境等金融生态环境指标，衡量市场条件改变对股市价格、收益和波动率的影响，结果证实中国股市具有适应性市场所强调的特征。

（4）根据适应性市场理论，构建基于 ARFIMA 过程的 AMH-GARCH 类股市波动率模型，同时探讨股市收益的长期和短期记忆性以及股市收益与股市“生态环境”间的尾部相关关系及其时变特征，并充分考虑股市收益所具有的有偏、尖峰和厚尾特征，对股市收益波动率进行估计和预测。从经济现象的解释能力、拟合优度、样本外预测能力几个方面比较传统波动率模型和 AMH-GARCH 类模型。

比较样本内估计效果和样本外预测能力可以综合使用多种方法，包括标准统计损失函数法和 Diebold-Mariano 检验等，从而得到相对客观的结果。

（5）基于波动率建模的结果，构建适应性市场风险测度指标，并根据风险值大小建立股市预警机制，对风险进行提示。同时，根据估计值和测算值对实际数据的覆盖程度等几个方面衡量新的风险测度指标估计以及预测能力的有效性和稳定性。

（6）将动态风险厌恶系数引入避险模型，能够体现投资者的认知在与投资环境相适应的过程中对待风险和收益的态度变化，因此将其引入现代避险问题的研究体现了适应性市场假说的思想，也是从追求风险最小化到兼顾风险和收益的效用最大化的一种突破。利用股指期货进行避险的实证分析表明，与常规风险最小化准则下的避险策略相比，效用最大化的避险策略能够给投资者带来更多的收益，能够提高市场参与者的综合效用。

7.2 本书的创新

（1）提出了适应性市场的检验思路和准则，并对中国股市的适应性市场特征进行实证分析，验证这一准则的可行性。

（2）在金融风险管理分析中引入适应性思想，构建基于 ARFIMA 过程的 AMH-GARCH 类模型。根据适应性市场理论，考虑股票收益长短期记忆性及股票收益与股市“生态环境”间的相关关系及其时变特征，同时在模型中纳入收益分布的有偏、尖峰和厚尾特征；并通过中国股市波动率测度研究，证实其有效性。

（3）将体现适应性思想的动态风险厌恶系数引入避险问题的研究，建立适应性避险模型，体现了投资者的认知在与投资环境相适应的过程中对待风险和收益的态度变化。

7.3 后续工作展望

在当前的金融研究领域中，涉及适应性市场假说的理论和应用研究还非常少见，因此本书所做的工作也只是一种初步的设想，前文中对适应性市场特征的检验、风险管理方面的应用以及避险研究都是在此基础上的初步尝试，所涉及理论基础的深度和理论框架的规范性方面还需进一步挖掘。基于此，有关适应性市场假说的内容，无论是基础理论还是应用研究都还存在很大的空间做更进一步深入的研究和探讨。

(1) 本书中对适应性市场假说的介绍指出，AMH 并不否认 EMH 的分析模式及其所强调的理性参与者前提，强调理性是一个与外部环境相关联和变化的相对概念。因此，进一步研究适应性市场的微观行为机制，将这一特征融入到原有理论框架中将是后续研究中一件重要且艰巨的任务。

(2) 本书依据适应性市场理论对金融风险度量和规避做了一些工作，但是并没有提供给金融管理部门和投资者更多的定量决策参考信息和方法。因此，如何在适应性市场假说下对市场参与者的决策提供明确、有效信息的理论支持，具有重要的现实价值。

(3) 适应性市场理论主要是借鉴了“生物进化论”的思想，因此需要从生物进化的思想考虑金融市场的变化，形成对风险进行测度的有效指标。除此之外，在 CAPM、APT 等模型的研究中引入适应性因子，对其进行修正和应用研究。

参考文献

[1] Abderrahim T. Analytical value-at-risk and excepted shortfall under regime switching [J]. Financial Research Letters, 2009 (1): 138-151.

[2] Albert S K. Continuous Auctions and Insider Trading [J]. Econometrica, 1985 (6): 1315-1335.

[3] Alford A W. The effect of the set of comparable firms on the accuracy of the price-Earnings valuation method [J]. Jurnal of accounting research, 1992 (1): 94-108.

[4] Andersen T G, Bollerslev T. Answering the Skeptics: Yes, Standard Volatility Models do Provide Accurate Forecasts [J]. International Economic Review, 1998 (4): 885-905.

[5] Andersen T G, Bollerslev T, Diebold F X, et al. The distribution of realized stock return volatility [J]. Journal of Financial Economics, 2001 (1): 43-76.

[6] Andersen T G, Bollerslev T, Meddahi N. Correcting the Errors: Volatility Forecast Evaluation using High Frequency Data and Realized Volatilities [J]. Econometrica, 2005 (1): 279-296.

[7] Andrews D W K. Heteroskedasticity and Autocorrelation Consistent Covariance Matrix Estimation [J]. Econometrica, 1991 (3): 817-858.

[8] Ariel R A. A monthly effect in stock returns [J]. Journal of Financial Economics, 1987 (1): 161-174.

[9] Ariel R A. High stock returns before holidays: Existence and evidence on possible causes [J]. The Journal of Finance, 1990 (5): 1611-1626.

[10] Artzner P, Delbaen F, Eber J M, et al. Thinking coherently [J]. Risk, 1997 (11): 68-71.

[11] Artzner P, Delbaen F, Eber J M, et al. Coherent measures of risk [J]. Mathematical Finance, 1999 (3): 203-228.

[12] Asger Lunde, Allan Timmermann. Duration Dependence in Stock Prices: An Analysis of Bull and Bear Markets [J]. Journal of Business and Economic Statistics, 2004 (3): 253-273.

[13] Bachelier L. Théorie de la speculation [J]. Annales Sci-entifiques de I' cole Normale Supérieure, 1900 (17): 21-86.

[14] Bae J, Kim C J, Nelson C R. Why are stock returns and volatility negatively correlated? [J]. Journal of Empirical Finance, 2007 (1): 41-58.

[15] Baillie R T. Long Memory Processes and Fmctional Integration in Econometrics [J]. Journal of Econometrics, 1996 (1): 5-59.

[16] Baillie R, Bollerslev T. MikkelsenH. Fractionally Integrated Generalized Autoregressive Conditional Heteroskedasticity [J]. Journal of Econometrics, 1996 (1): 3-30.

[17] Banz R. The Relation between Return and Market Value of Common Stocks [J]. Journal of Financial Economics, 1981 (9): 3-18.

[18] Barber B M, Odean T. Trading is hazardous to your wealth: The common stock investment performance of individual investors [J]. The Journal of Financial, 2000 (2): 773-806.

[19] Basu S. The relationship between earnings' yield, market value and return for NYSE common stocks: Further evidence [J]. Journal of financial economics, 1983 (1): 129-156.

[20] Bhushan R. Collection of information about Publicly Traded Firms: Theory and Evidence [J]. Journal of Accounting and Economics, 1989 (11): 183-206.

[21] Black F. Noise [J]. The Journal of finance, 1986 (3): 529-543.

[22] Black F, Scholes M. The Pricing of Options and Corporate Liabilities [J]. The Journal of Political Economy, 1973 (3): 637-654.

[23] Bollerslev T. Generalized Autoregressive Conditional Heteroske-Dasticity [J]. Journal of Econometrics, 1986 (2): 307-327.

[24] Bollerslev T, Engle R, Wooldridge J M. A Capital Asset Pricing Model with time Varying Covariances [J]. Journal of Political Economy, 1988 (1): 116-131.

[25] Bollerslev T, Mikkelsen H O. Modeling and Pricing Long Memory in Stock Market Volatility [J]. Journal of Econometrics, 1996 (1): 151-184.

[26] Borch K. A note on uncertainty and indifference curves [J]. The Review of Economic Studies, 1969 (1): 1-4.

[27] Bouchaud J P, Potters M. Theory of financial risk: From statistical physics to risk management [M]. Cambridge: Cambridge University Press, 1999.

[28] Brown P, Mitchell J. Culture and stock price clustering: Evidence from The Peoples' Republic of China [J]. Pacific-Basin Finance Journal, 2008 (16): 95-120.

[29] Burrell O K. Possibility of an Experimental Approach to Investment Studies [J]. The Journal of Finance, 1951 (2): 211-219.

[30] Bystrom H. The hedging perfomance of electricity futures on the Nordic power exchange [J]. Applied Economic Review, 2003 (1): 1-11.

[31] Cadsby C B, Ratner M. Turn-of-month and pre-holiday effects on stock returns: Some International evidence [J]. Journal of Banking and Finance, 1992 (3): 497-509.

[32] Cai J. A markov model of unconditional variance in ARCH [J]. Journal of Business and Economic Statistics, 1994 (3): 309-316.

[33] Campbell J Y, Thompson S B. Predicting Excess Stock Returns Out Of Sample: Can Anything Beat the Historical Average? [J]. Review of Financial Studies, 2008 (4): 1509-1531.

[34] Chance D M. An introduction to options and futures [M]. Chicago: Dryden Press, 1989.

[35] Chang C Y, Lai J Y, Chuang I Y. Futures hedging effectiveness under the segmentation of bear/bull energy markets [J]. Energy Economics, 2010 (2): 442-449.

[36] Chang K P, Ting K S. A Variance Ratio Test of the Random Walk Hypothesis for Taiwan's Stock Market [J]. Applied Financial Economics, 2000 (5): 525-532.

[37] Choi I. Testing the Random Walk Hypothesis for Real Exchange Rates [J]. Journal of Applied Econometrics, 1999 (3): 293-308.

[38] Christofferson P F. Elements of financial risk management [M]. San Diego: Academic Press, 2003.

[39] Cont R. Empirical properties of asset returns: Stylized facts and statistical issues [J]. Quantitative Finance, 2001 (2): 223-236.

[40] Cotter J, Hanly J. Time-varying risk aversion: an application to energy hedging [J]. Energy Economics, 2010 (2): 432-441.

[41] Cowles A. Can stock market forecasters forecast? [J]. Econometrica, 1933 (3): 309-324.

[42] Cross F. The behavior of stock price on Fridays and Mondays [J]. Financial Analysis Journal, 1973 (6): 67-69.

[43] Darnasio A R. Descartes' Error: Emotion, Reason, and the Human Brain [M]. New York: Grosset/Putnam Book, 1994.

[44] Davidson J. Moment and Memory Properties of Linear Conditional Heteroscedasticity Models, and a New Model [J]. Journal of Business & Economic Statistics, 2004 (22): 16-29.

[45] Debondt W, Thaler R. Does the stock market overreact [J]. Journal of finance, 1985 (3): 793-805.

[46] Deuker M J. Markov Switching in GARCH Processes and Mean - Reverting Stock - Market Volatility [J]. Journal of Business & Economic Statistics, 1997 (1): 26-34.

[47] Diebold F X. Exact maximum-likelihood estimation of autoregressive models via the Kalman filter [J]. Economics Letters, 1986 (2-3): 197-201.

[48] Diebold F X, Mariano R S. Comparing predictive accuracy [J]. Journal of Business and Economic Statistics, 2002 (1): 134-144.

[49] Ding Z, Granger C W J, Engle R F. A Long Memory Property of Stock Market Returns and a New Model [J]. Journal of Empirical Finance, 1993 (21): 83-106.

[50] Engle R F. Autoregressive conditional heteroscedasticity with estimates of the variance of U. K. inflation [J]. Econometrica, 1980 (4): 987-1008.

[51] Engle R, Lilien D, Robbins R. Estimating Time Varying Risk Premia in the Term Structure: the Arch-M Model [J]. Econometrics, 1987 (2): 391-407.

[52] Escanciano J C, Lobato I N. An Automatic Portmanteau Test for Serial Correlation [J]. Journal of Econometrics , 2009 (2): 140-149.

[53] Fama E F. The Behavior of Stock Market Prices [J]. Journal of Business, 1965a (1): 34-105.

[54] Fama E F. Random Walks in Stock Market Prices [J]. Financial Analysts Journal, 1965b (5): 55-59.

[55] Fama E F. Efficient Capital Markets: A Review of Theory and Empirical Work [J]. The Journal of Finance, 1970 (2): 383-417.

[56] Fama E F, French K R. Permanent and Temporary components of stock Prices [J]. Joumal of Political economy, 1988 (2): 246-273.

[57] Farmer D. Market Force, Ecology and Evolution [J]. Industrial and Corporate Change, 2002 (5): 895-953.

[58] Farmer D, Lo A. Frontiers of Finance: Evolution and Efficient Markets [J]. Proceedings of the National Academy of Sciences, 1999 (18): 9991-9992.

[59] Fisher Irving. Nature of Capital and Income [M]. London: Macmillan & CO., LTD. 1906.

[60] Frankel J. In search of the exchange risk premium: A six currency test assuming Mean-variance optimization [J]. Journal of International Money and Finance, 1982 (3): 255-274.

[61] French K R. Stock returns and the weekend effect [J]. Journal of financial economics, 1980 (1): 55-69.

[62] Friedman M. Essays in Positive Economics [M]. Chicago: University of Chicago Press, 1953.

[63] Gallo G M, Otranto E. Volatility transmission across markets: a Multichain Markov Switching model [J]. Applied Financial Economics, 2007 (8): 659-670.

[64] Gervais S, Odean T. Learning to be overconfident [J]. The Review of Financial Studies, 2001 (1): 1-27.

[65] Giovannini A, Jorion P. The time variation of risk and return in the foreign exchange and stock markets [J]. Journal of Finance, 1989 (2): 307-325.

[66] Glosten L R, Jagannathan R, Runkle D E. On the Relation Between the Expected Value and The Volatility of the Nominal Excess Return on Stocks [J]. Journal of Finance, 1993 (5): 1779-1801.

[67] Granger C, Morgenstern O. Spectral Analysis of New York Stock Exchange Prices [J]. Kyklos, 1963 (1): 1-27.

[68] Granger C W J. Long Memory Relationships and the Aggregation of Dynamic Models [J]. Journal of Econometrics, 1980 (2): 227-238.

[69] Granger C W J, Joyeux R. An Introduction to Long-memory Time Series Models and Fractional Differencing [J]. Journal of Time Series Analysis, 1980 (1): 15-29.

[70] Gray S. Modeling the conditional distribution of interest rates as a regime-switching process [J]. Journal of Financial Economics, 1996 (1): 27-62.

[71] Grossberg S, Gutowski W E. Neural Dynamics of Decision Making under Risk: Affective Balance and Cognitive-Emotional Interactions [J]. Psychological Review, 1987 (3): 300-318.

[72] Grossman S. On the Efficiency of Competitive Stock Markets Where Traders Have Diverse Information [J]. The Journal of Finance, 1976 (2): 573-585.

[73] Grossman S. Further Results on the Informational Efficiency of Competitive Stock Markets [J]. Journal of Economic Theory, 1978 (1): 81-101.

[74] Grossman S, Stiglitz J. On the Impossibility of Informationally Efficient Markets [J]. The American Economic Review, 1980 (3): 393-408.

[75] Hagerman R L, Ratchford B T. Some determinants of allowed rates of return on equity to electric

utilities [J]. Bell Journal of Economics, 1978 (1): 46-55.

[76] Hamilton J D, Susmel R. Autoregressive conditional heteroskedasticity and changes in regime [J]. Journal of Econometrics, 1994 (1): 307-333.

[77] Hansen P R. A Test for Superior Predictive Ability [J]. Journal of Business and Economic Statistics, 2005 (4): 365-380.

[78] Haigh M S, Holt M T. Crack apread hedging: accorting for time varying volatility spillovers in the energy futures market [J]. Journal of Applied Econometrics, 2002 (3): 269-289.

[79] Hamilton J D, Susmel R . Autoregressive conditional heteroskedastieity and changes in regime [J]. Journal of Econometrics, 1994 (1): 307-333.

[80] Haubrich J G, Lo A W. The Sources and Nature of Long Term Memory in Aggregate Output [J]. Economic Review of the Federal Reserve Bank of Cleveland, 2001 (2): 15-30.

[81] Hirshleifer D, Shumway T. Good day sunshine: Stock returns and the weather [J]. The Journal of Finance, 2003 (3): 1009-1032.

[82] Holbrook Working. A Random-Difference Series for Use in the Analysis of Time Series [J]. Journal of the American Statistical Association, 1934 (29): 11-24.

[83] Huang B N. Do Asian Stock Market Prices Follow Random Walks? Evidence from the Variance Ratio Test [J]. Applied Financial Economics, 1995 (5): 251-256.

[84] Hung J C, Lee Y H, Pai T Y. Examining Market Efficiency for Large- and Small-Capitalization of TOPIX and FTSE Stock Indices [J]. Applied Financial Economics, 2009 (9): 735-744.

[85] Hurst H E. Long-Term Storage Capacity of Reservoirs [J]. Transactions of the American Society Civil Engineers, 1951 (116): 770-779.

[86] Ito M, Noda A. The Evolution of Market Efficiency and Its Periodicity [J]. Quantitative Finance, 2012, [Preprint: arXiv: 1202.0100v9].

[87] Jaffe J, Westerfield R. The Weekend Effect in Common Stock Returns: The International Evidence [J]. The Journal of Finance, 1985 (2): 433-454.

[88] Jay R Ritter. The Long run Performance of Initial Public Offerings [J]. Journal of Finance, 1991 (1): 3-27.

[89] Jegadeesh N, Titman S. Returns to buying winners and selling loser: Implications for stock market efficiency [J]. Journal of Finance, 1993 (1): 65-91.

[90] Kahneman D, Tversky A. Prospect theory: An analysis of decisions under risk [J]. Econometrics, 1979 (2): 197-291.

[91] Kahneman D, Tversky A. Choices, values, and frames [J]. The American Psychologist Association, 1984 (4): 341-350.

[92] Kendall M J. The Analysis of Economic Time Series Part: Prices [J]. Journal of the Royal Statistical Society, 1953 (1): 11-25.

[93] Kim J H, Shamsuddin A, Lim K P. Stock Return Predictability and the Adaptive Markets Hy-

pothesis: Evidence from Century-Long U. S. Data [J]. Journal of Empirical Finance, 2011 (5): 868-879.

[94] Klaassen F. Improving GARCH volatility forecasts [J]. Empirical Economics, 2002 (2): 363-394.

[95] Kupiec P. Techniques for verifying the accuracy of risk measurement models [J]. Journal of Derivatives, 1995 (2): 73-84.

[96] Lamoureux C G, Lastrapes W D. Persistence in variance, structural change, and the GARCH model [J]. Journal of Business & Economic Statistics, 1990 (2): 225-234.

[97] Lau P W C. Factors affecting crack formation in wood as a result of nailing [C]. Proceedings, 1990 International Timber Engineering Conference, Tokyo, Japan, 1990: 231-240.

[98] Laws J, Thompson J. Hedging effectiveness of stock index futures [J]. European Journal of Operational Research, 2005 (1): 177-191.

[99] Lee, et al. A random coefficient autoregressive Markov regime swiching model for dynamic futures hedging [J]. Journal of Futres Markets, 2006 (2): 103-129.

[100] Lennart H, Herman K. Bayesian forecasting of Value at Risk and expected Shortfall using adaptive importance sampling [J]. International Journal of Forecasting, 2010 (2): 231-247.

[101] Lien D, Luo X. Estimating multiperid hedge ratios in cointegrated markets [J]. Journal of Futres Markets, 1993 (13): 909-920.

[102] Lim K P, Luo W, Kim J H. Are US Stock Index Returns Predictable? Evidence from Automatic Autocorrelation-Based Tests [J]. Applied Economics, 2013 (8): 953-962.

[103] Lo A W. Long Term Memory in Stock Market Prices [J]. Econometrica, 1991 (59): 1279-1313.

[104] Lo A, Repin D. The Psychophysiology of Real-time Financial Fisk Processing [J]. Journal of Cognitive Neuroscience, 2002 (3): 323-339.

[105] Lo A. The Adaptive Markets Hypothesis: Market Efficiency from an Evolutionary Perspective [J]. The Journal of Portfolio Management, 2004 (15): 15-29.

[106] Lo A. Reconciling Efficient Markets with Behavioral Finance: The Adaptive Markets Hypothesis [J]. Journal of Investment Consulting, 2005 (2): 21-44.

[107] Lo A. Adaptive Markets and the New World Order [J]. Financial Analysts Journal, 2012 (2): 18-30.

[108] Lo A, MacKinlay A C. Stock Market Prices do not Follow Random Walks: Evidence from a Simple Specification Test [J]. Review of Financial Studies, 1988 (1): 41-66.

[109] Lobato I N, Nankervis J C, Savin N E. Testing for Autocorrelation Using a Modified Box-Pierce Q Test [J]. International Economic Review, 2001 (1): 187-205.

[110] Loewenstein G. Emotions in Economic Theory and Economic Behavior [J]. The American Economic Review, 2000 (2): 426-432.

[111] Macaulay F R. Some Theoretical Problems Suggested by the Movements of Interest Rates, Bond Yields and Stock Prices in the United States since 1856 [M]. New York: Columbia University Press, 1938.

[112] Mandelbrot B B. The Variation of Certain Speculative Prices [J]. Journal of Business, 1963 (10): 394-419.

[113] Markowitz H. Portfolio selection [J]. Journal of Finance, 1952 (1): 77-91.

[114] McNeil A, Frey R. Estimation of tailrelated risk measures for heteroscedastic financial time series: An extreme value approach [J]. Journal of Emprical Finance, 2000 (3): 271-300.

[115] Merton R C. On estimating the expected return on the market: An exploratory investigation [J]. Journal of Financial Economics, 1980 (4): 323-361.

[116] Michael C Jensen. Some Anomalous Evidence Regarding Market Efficiency [J]. Journal of Financial Economics, 1978 (2/3): 95-101.

[117] Neely C J, Weiler P A, Ulrioh J M. The Adaptive Markets Hypothesis: Evidence from the Foreign Exchange Market [J]. Journal of financial and Quantitative analysis, 2009 (2): 467-488.

[118] Nelson D B. Conditional Heteroskedasticity in Asset Returns: a New Approach [J]. Econometrica, 1991 (2): 347-370.

[119] Niederhoffer V. The Education of a Speculator [M]. New York: John Wiley & Sons, 1997.

[120] Noda A. A Test of the Adaptive Market Hypothesis Using a Time-Varying AR Model in Japan [J]. Finance Research Letters, 2016 (17): 66-71.

[121] Odean T. Are investors reluctant to realize their losses? [J]. The Journal of Finance, 1988 (5): 1775-1798.

[122] Osborne M F M. Brownian motion in the stock market [J]. Operations Research March/April, 1959 (2): 145-173.

[123] Peters E, Slovic P. The springs of Action: Affective and Analytical Information Processing in Choice [J]. Personality and Social Psychology Bulletin, 2000 (12): 1465-1475.

[124] Poterba J, Summers L. Mean Reversion in Stock Prices [J]. Journal of Financial Economics, 1988 (1): 27-59.

[125] Robert J E, Hong M. VaR and excepted shortfall: A non-normal regime switching framework [J]. Quantitative Finance, 2009 (6): 747-755.

[126] Roberts H. Stock Market "Patterns" and Financial Analysis: Methodological Suggestions [J]. The Journal of Finance, 1959 (1): 1-10.

[127] Rosenber B, Reid K, Lanstein R. Persuasive evidence of market inefficiency [J]. The Journal of Portflio Management, 1985 (3): 9-16.

[128] Ross S. The Arbitrage Theory of Capital Asset Pricing [J]. Journal of Economics Theory, 1976 (3): 341-360.

[129] Roy A D. Safety first and the holding of assets [J]. Econometrica, 1952 (3): 431-449.

[130] Rozeff M S, Kinney W R. Capital Market Seasonality: The Case of Stock Returns [J]. Journal of Financial Economics, 1976 (4): 379-402.

[131] Rubinstein M. Securities Market Efficiency in an Arrow-Debreu Economy [J]. American Economic Review, 1975 (11): 812-824.

[132] Russell J Fuller. Behavioral finance and the sources of Alpha [J]. CFA Working peper, February, 2000.

[133] Samuelson P A. Proof that properly anticipated prices fluctuate randomly [J]. Industrial Management Review, 1965 (2): 41-49.

[134] Saunders E M. Stock prices and Wall Street weather [J]. American Economic Review, 1993 (5): 1337-1345.

[135] Sharpe W. Capital Asset Prices: A Theory of Market Equilibrium Under Conditions of Risk [J]. The Journal of Finance, 1964 (3): 425-442.

[136] Sharpe W. Capital asset prices with and without negative holdings [J]. Journal of Finance, 1991 (2): 489-509.

[137] Shefrin H. Beyond Greed and Fear [M]. USA: Oxford University Press, 2002.

[138] Shefrin H, Statman M. The disposition to sell winners too early and ride losers too long: Theory and evidence [J]. The Journal of finance, 1985 (3): 777-790.

[139] Shefrin H, Statman M. Behavioral Capital Asset Pricing Theory [J]. Journal of Financial and Quantitative Analysis, 1994 (3): 323-349.

[140] Shefrin H, Statman M. Behavioral portfolio theory [J]. Journal of Financial and Quantitative Analysis, 2000 (2): 127-151.

[141] Shiller, Robert J. Comovements in Stock Prices and Comovements in Dividends [J]. The Journal of Finance, 1989 (3): 719-730.

[142] Shiller R. Irrational Exuberance [M]. Princeton: Princeton University Press, 2000.

[143] Shleifer A. Inefficient market [M]. Oxford: oxford University Press, 2000.

[144] Simon H A. Administrative Behavior: A Study of Decision-making Processes in Administrative Organization [M]. London: Macmillan, 1948.

[145] Smith G. Random walks in Middle Eastern Stock Markets [J]. Applied Financial Economics, 2007 (7): 587-596.

[146] Solnik B. Note on the Validity of the Random Walk for European Stock Prices [J]. Journal of Finance, 1973 (5): 1151-1159.

[147] Sopipan N, Sattayatham P, Premanode B. Forecasting Volatility of Gold Price Using Markov Regime switching and trading strategy [J]. Journal of Mathematical Finance, 2012 (1): 121-131.

[148] Tetents J N. Einleitung zur berechnung der leibrenten und anwartschaften [M]. Leipzig: Wei-

dmanns Erben und Reich, 1789.

[149] Timmermann A. Moments of Markov switching models [J]. Journal of Econometrics, 2000 (1): 75-111.

[150] Vaga T. The coherent market hypothesis [J]. Financial Analysts Journal, 1990 (6): 36-49.

[151] Weber E U, Hsee C K. Models and mosaics: Investigating cross-cultural differences in risk perception and risk preference [J]. Psychonomic Bulletin & Review, 1999 (4): 611-617.

[152] Whitbeck V S, Kisor M J. A new tool in investment decision-making [J]. Financial analysis Journal, 1963 (3): 55-62.

[153] Yamai Y, Youshiba T. Value-at-Risk versus excepted shortfall: Apractical perspective [J]. Journal of Banking and Financial, 2005 (4): 997-1015.

[154] 白娜，顾卫俊．上证 30 指数股市盈率实证分析 [J]. 浙江大学学报——人文社会科学版，2002 (3)：149-156.

[155] 曹凤岐，董秀良．我国 IPO 定价合理性的实证分析 [J]. 财经研究，2006 (6)：4-14.

[156] 曹广喜．基于分形分析的我国股市波动性研究 [D]. 南京：河海大学，2007.

[157] 曹广喜．我国股市收益的双长记忆性检验——基于 VaR 估计的 ARFIMA-HYGARCH-skt 模型 [J]. 数理统计与管理，2009 (1)：167-174.

[158] 曹广喜，曹杰，徐龙炳．双长记忆 GARCH 组模型的预测能力比较研究 [J]. 中国管理科学，2012 (2)：41-49.

[159] 淳伟德，陈王，潘攀．典型事实约束下的上海燃油期货市场动态 VaR 测度研究 [J]. 中国管理科学，2013 (2)：24-31.

[160] 何诚颖．中国股市市盈率分布特征及国际比较研究 [J]. 经济研究，2003 (9)：74-82.

[161] 李姝婧．中国 IPO 初始收益率的影响因素分析 [J]. 科学与管理，2010 (3)：10-13.

[162] 李心丹．行为金融理论：研究体系及展望 [J]. 金融研究，2005 (1)：175-190.

[163] 林宇，黄登仕，魏宇．胖尾分布及长记忆下的动态 EVT-VAR 测度研究 [J]. 管理科学学报，2011 (7)：71-82.

[164] 刘剑锋，蒋瑞波．中国证券市场弱有效性检验——来自收益率方法比的证据 [J]. 金融理论与实践，2010 (4)：83-87.

[165] 刘勇，周宏．上海股票市场时变风险收益关系研究 [J]. 会计研究，2005 (12)：65-70.

[166] 乔峰，姚俭．市盈率的模糊线性回归预测模型研究 [J]. 上海理工大学学报，2002 (1)：31-36.

[167] 石建辉．试论适应性市场假说对投资的意义 [J]. 生产力研究，2011 (4)：25-27.

[168] 宋逢明，梁洪昀．发行市盈率放开后的 A 股市场初始回报研究 [J]. 金融研究 2001 (2)：94-100.

[169] 宋颂兴，金伟根．上海股市市场有效实证研究 [J]. 经济学，1995 (4)：107-128.

[170] 田金方，杨晓彤，薛瑞，等．不确定性事件、投资者关注与股市异质特征——以COVID-19概念股为例［J］．财经研究，2020，46（11）：19-33.
[171] 王江．金融经济学［M］．北京：中国人民大学出版社，2006.
[172] 王鹏，魏宇．基于多分形波动率测度的ES风险度量［J］．系统管理学报，2012（2）：193-200.
[173] 王少平，杨继生．联合p值综列单位根检验的扩展及其对中国股市的弱有效性检验［J］．统计研究，2006（6）：69-72.
[174] 王茵田，朱英姿．中国股票市场风险溢价研究［J］．金融研究，2007（7）：152-166.
[175] 韦立坚，张维，张永杰，等．中国股票市场风格轮动效应及基于适应性市场假说的解释［J］．管理学报，2012（7）：943-951.
[176] 魏宇．股票市场的极值风险测度及后验分析研究［J］．管理科学学报，2008（1）：78-88.
[177] 魏宇．基于多分形理论的动态VaR预测模型研究［J］．中国管理科学，2012（5）：7-15.
[178] 吴立源．行为金融理论及其应用研究［D］．长沙：湖南大学金融学院，2004.
[179] 吴世农．我国证券市场效率的分析［J］．经济研究，1996（4）：13-20.
[180] 徐筱凤，李寿喜．中国企业市盈率：理论分析与经验证据［J］．世界经济文汇，2005（4）：172-181.
[181] 杨华蔚，韩立岩．外部风险、异质信念与特质波动率风险溢价［J］．管理科学学报，2011（11）：71-80.
[182] 杨胜刚，彭啸帆，邹子昂，等．适应性市场假说的实证研究——基于国际现货贵金属市场［J］．湘潭大学学报（哲学社会科学版），2019，43（3）：82-88.
[183] 杨养鹏．基于行为金融的证券投资“认知风险”度量研究［J］．数量经济技术经济研究，2004（5）：79-84.
[184] 杨招军，秦国文．连续进化金融模型与全局渐进化稳定策略［J］．经济研究，2006（5）：41-49.
[185] 杨招军，秦国文．进化金融理论及应用［M］．北京：光明日报出版社，2011.
[186] 叶中行，曹奕剑．Hurst指数在股票市场有效性分析中的应用［J］．系统工程，2001（3）：21-24.
[187] 仪垂林，章仁俊．预期情感与投资者行为研究［J］．南开管理评论，2004（3）：86-91.
[188] 俞乔．市场有效、周期异常与股价波动——对上海、深圳股票市场的实证分析［J］．经济研究，1994（9）：43-50.
[189] 张兵，李晓明．中国股票市场的渐进有效性研究［J］．经济研究，2003（1）：54- 61.
[190] 张金华，安同良．股票市场的投机行为分析［J］．世界经济与政治论坛，2002（2）：41-45.
[191] 张力公．基于投资者有偏信念的中国股票市场风险行为机理研究［D］．重庆：重庆大

学经济与工商管理学院，2011.
[192] 张卫国，胡彦梅，陈建忠．中国股市收益及波动的 ARFIMA-FIGARCH 模型研究 [J]. 南方经济，2006 (3)：108-112.
[193] 赵静梅，吴风云．数字崇拜下的金融资产价格异象 [J]. 经济研究，2009 (6)：129-141.
[194] 邹高峰，张维，徐晓婉．中国 IPO 抑价的构成及影响因素研究 [J]. 管理科学学报，2012 (4)：12-22.
[195] 朱小斌，江晓东．中国股市高换手率：行为金融学的解释 [J]. 学术问题研究，2006 (1)：55-59.

